山西票号史

山西文华·著述编　卫聚贤史学论著六种

卫聚贤◎著

《山西文华》编纂委员会　编

三晋出版社
山西出版传媒集团

图书在版编目(CIP)数据

山西票号史 / 卫聚贤著. —太原：三晋出版社，2017.10
ISBN 978-7-5457-1606-1

Ⅰ. ①山… Ⅱ. ①卫… Ⅲ. ①票号—历史—山西
Ⅳ. ①F832.9

中国版本图书馆 CIP 数据核字(2017)第 273711 号

山西票号史

著　　者：卫聚贤
责任编辑：张继红
封扉设计：山西天目·王明自
出 版 者：山西出版传媒集团 · 三晋出版社（原山西古籍出版社）
地　　址：太原市建設南路 21 號
邮　　编：030012
电　　话：0351–4922268（发行中心）
　　　　　0351–4956036（总编室）
　　　　　0351–4922203（印制部）
网　　址：http://www.sjcbs.cn
经 销 者：新华书店
承 印 者：山西人民印刷有限责任公司
开　　本：700mm × 1000mm　1/16
印　　张：15.5
字　　数：210 千字
版　　次：2017 年 10 月　第 1 版
印　　次：2017 年 10 月　第 1 次印刷
书　　号：ISBN　978-7-5457-1606-1
定　　价：72.00 元

ISBN 978-7-5457-1606-1

《山西文华》学术顾问委员会

李　零　李文儒　李学勤　袁行霈
唐浩明　梁　衡　张　颔　张光华
葛剑雄　杨建业

《山西文华》分编主编

著述编　刘[illegible]　[illegible]传福
史料编　张庆捷　李晋林
图录编　李德仁　赵瑞民

出版说明

山西东屏太行，西濒黄河，北通塞外，南控中原，是中华民族的主要发祥地之一。中华文明辉煌灿烂，三晋文化源远流长。历史文献丰富、文化遗产厚重，形成了兼容并包、积淀深厚、韵味独特的晋文化。山西省政府决定编纂大型历史文献丛书《山西文华》，以汇集三晋文献、传承三晋文化、弘扬三晋文明。

《山西文华》力求把握正确方向，尊重历史原貌，突出山西特色，荟萃文化精华，按照抢救、保护、整理、传承的原则整理出版图书。丛书规模大，编纂时间长，参与人员多，特将有关编纂则例简要说明如下。

一、《山西文华》是有关山西现今地域的大型历史文献丛书，分"著述编""史料编""图录编"。每编之下项目平列；重大系列性项目，按其项目规模特征，制定合理的编纂方式。

二、"著述编"以 1949 年 10 月 1 日前山西籍作者（含长期在晋之作者）的著述为主，兼收今人有关山西历史文化的研究性著述。

三、"史料编"收录 1949 年 10 月 1 日前有关山西的方志、金石、日记、年谱、族谱、档案、报刊等史料，以影印为主要整理方式。

四、“图录编”主要收录1949年10月1日前有关山西的文化遗产精华，包括古代建筑、壁画、彩塑、书画、民间艺术等，兼收古地图等大型图文资料。

五、今人著述采用简体汉字横排，古代著述采用繁体汉字横排。

《山西文华》编纂委员会

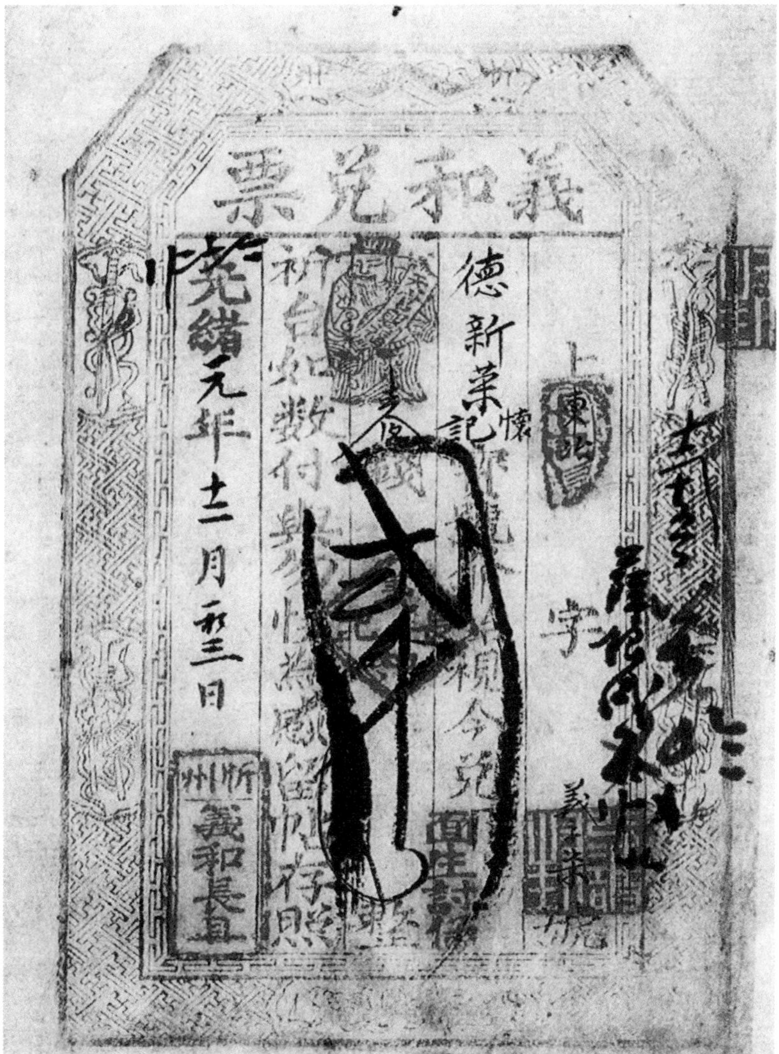

清代晋商汇票

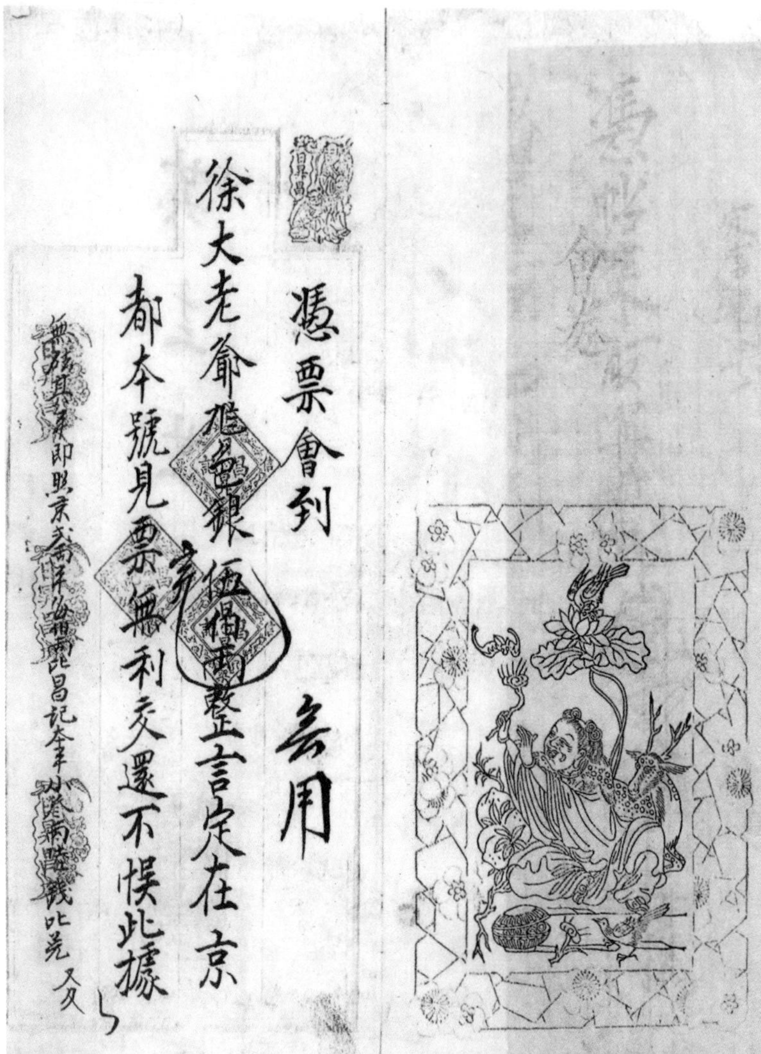

清代晋商汇票

出版前言

明清晋商在中国近六百年经济历史上，占有举足轻重的地位，并且影响到中国的政治、军事以及社会生活的方方面面，是中国古代向现代社会迈进中特别值得重视的商业力量。

对晋商的关注，起于清末民初，首先是晋商自我关注，有《晋商成败记》等著述；其次是民国初年学术界的关注如梁启超等学人。对晋商的学术研究，则似始于晋人卫聚贤。他是梁启超的高足。非晋人，不能对晋商有体近的观察；非卫先生这样的有现代学术观念的学者，则不能对晋商作现代学术意义上的研究，并作出《晋商票号史》这样的学术著述。

卫聚贤（1899—1989），山西万泉（今属万荣县）人。初在山西商业专门学校就读，后考入清华大学，师从梁启超等国学大师学习，成为有现代学术观念的历史学家、考古学家、统计学家、地方文化研究者，著有《中国考古小史》《中国开国学史》《历史研究》（三集）《历史统计学》《历史统计学史》《十三经概论》等数十部著作，《晋商票号史》则是他对家乡晋商历史的开山性学术著作。

据本书的序言称，卫聚贤在太原读书时，即对晋商有所闻，三十年代在中央银行经济研究处工作，正是太谷孔祥熙的下属。孔祥熙知道卫聚贤的学术背景，且研究经济史，乃命其于1936年回山西作票号的调查，庶有助于民国的财政经济。

因为卫国聚贤是训练有素的学者，故对晋商的调查，都采用了很正规的西方式的取证方法，这在他的《编纂经过》中说得明白。且当时许多晋商老人健在，大商号的后代也多健在，使卫聚贤得以在晋中一带从容取证，获取大量第一手史料。《晋商票号史》就是在这样的调查基础上写出的。

在中国传统上，一直是重农抑商的，能够对晋商史料作比较系统的调查，并写出一部票号史的专著，这与现代学术风气相关，更与孔祥熙、卫聚贤是山西人相关，与他们特殊的地位和学术背景相关。《山西票号史》于作者调查后即予写就，并印了单行本，征求晋商的调查对象和有关学者的意见。之后遭遇日军入侵，学术不能正常进行，直到 1944 年，本书才得以出版，署“卫聚贤编”。出版者为中央银行研究处，定价一百元。孔祥熙题写了书名。

现在，这部书只有少数图书馆藏有原件，却对于晋商研究起到莫大的促进作用。2007 年，山西财经大学组织力量，将《山西票号史》整理出版。后来，经济管理出版社也出版过此书，却不易查找。据悉，《中国华北文献丛书》，专设“晋商”一部，其中收集了《晋商票号史》。现在，我们根据原版，将《山西票号史》整理，收入《山西文华》，使其永久保存于山西历史文献之中，同时，为晋商研究者提供一部初创的晋商史著作。

有关该书的写作，见其《序》《编纂经过》和目录即可知悉，对其内容，也只有阅读才能够理解，故不作详细的介绍，只是我们注意到其框架结构，是横向的，分历史、概况、组织、人事、业务，以及附录。内容看似简单，却包含了大量的史料。这是民国学者作书的基本方法，即以史料说话。数十年后，山西财经大学黄鉴晖先生也作了一部《山西票号史》，即是严格从史的顺序梳理的，时间下限延伸到 1921 年。所以，卫聚贤先生称他的著述为“编”，这是他的谦逊处，也隐藏了他构想继续深入研究的梦想，只是他的梦想是几十年后才由晋人完成的。

本次整理出版，将原来的繁体竖排改为简体横排，并改作现代标点符号，纠正了一些错字，对民国年间的习惯写法和称呼，则一仍其旧。特此说明。

三晋出版社

编纂经过

山西票号兴起于道光初年，失败于民国初年，在这八十年间，对于汇兑通畅，调剂各地金融，代理国库，协助政府财政，在银行未成立之前，而有此大规模之金融机构，实为中国经济史上之重要阶段。但尚少有系统的记载，以明究竟。中央银行总裁孔庸之先生，对此特为注意，于民国二十五年冬派贤从事调查山西票号事迹。

当余调查票号时，未有对于票号有系统的书籍出版，以资参考，是以先从访问着手，对于票号的名称，成立及歇业的年月，资本数目，几年一账，普通每股每账开银若干两，最多开过若干两，股东某人，经理某人，系某县某村人，将此概况在商会招集曾在票号为经理者询问，又到各股东家中去访问。

为证实各票号成立的时期，在太谷、祁县、平遥各地大庙中将碑文看过，有无票号的名称在上，但是由山西教育厅通令府十县所抄之碑文，多抄其序文，而将布施人未抄，是以查不出票号的名称。

票号的股东及经理已故的，因欲从其生卒年月上知道一点票号的事迹，乃至各家，阅其家谱，看其本主，并搜集其墓志，亲至墓上抄其墓碑。又请其后人或其亲友代为作传。

票号中各种账簿，报告清册，往来信稿，以至会票执照等，均为票号史中重要材料，乃为搜集。至于票号门首之招牌，多为拍照，印章多为盖过。房屋以及股东经理之住宅，大部分皆照过相。

因无参考资料，余亦非票号中人，故搜集材料时，漫无目标，见到材料就搜集，即将这些材料运到上海从事整理，感觉需要的未搜集到，不需要的搜集到一大批，乃赶快整理出一部分，先在中央银行《经济月报》上发表，将发表过的印成单行本，寄到山西太谷、祁县、平遥各商会转票号股东经理等，请其改正补充。但不久全面抗战事起，邮路不通，故未能得到补充及修正的材料，是以将前次所得的材料，编为《山西票号史》一书，拟先发表，作为蓝本，待抗战胜利后，再去详细调查，出一较完全的《山西票号史》。

卫聚贤记于上海

中华民国二十八年八月一日

序

余在山西商业专门学校读书时，曾听韩业芳及严慎修讲过山西票号故事，但其时票号事业已失败，余以为这是历史上的陈述，因余时尚未研究经济史，故未注意及此。后各省友人闲谈中，以余为山西人，而又研究历史，也曾研究经济史，故尝以山西票号之故事为问。尤其是顾炎武发明票号一节，人多乐道之，而与余所闻为雷履泰所发明者异。但孰为票号发明者，则未暇究。

二十五年，奉命赴山西调查票号，所得材料甚多，略加整理，分期在中央银行经济研究处出版之《经济月报》中发表，目的是印发单行本若干，寄回山西太谷、祁县、平遥，赠送曾在票号中工作过的人，以求校正其错误，补充其材料。结果因全面抗战，所得补充的材料甚少，于是编成《山西票号史》，分订为上、下两册。

《山西票号史》两册，只有稿本一本，没有副本，跑警报时也要带上跑，怕轰炸了以后再编不起来了。又明知其中遗漏错误甚多，请教别人吧，也是因为只有原稿本一本，在此轰炸期间不放心。出版吧，又怕遗漏太多而不宜。是以迁延至今，现在才决定出版了。

原稿中照相及会票等，需要作铜版锌版的，现在一概省略了。这是因为这仍是稿本，不过印上四千本，送对于票号有研究的人看过，加以校正与补充。纸型也多打一副，保存下来，待抗战胜利后，再版若干本，送到山西太谷、祁县、平遥去，以作我第二次调查山西票号之蓝本。

票号的发明人，传说是顾炎武。经我的考证，顾炎武与傅山及戴廷栻为推翻清室做革命工作而创设标局。标局是代商人运现，票号是抵制标局运费之大而设的。票号是谁发明的？传说是平遥县日升昌颜料庄经理雷履泰，但无直接证据。而山西金融之中心，确系太谷。即以标期而言，山西之标，分为两种：一为太谷标，即太谷一县之标；二为太汾标，即太原府所属之祁县、榆次，与汾阳府所属的平遥、介休之标。在地域上讲，太谷也不是独偏于东而另划分一区，实系太谷县在当时经济上占大势力，其一县之势力可抵榆次、祁县、平遥、介休等数县，故独为一标。且各路运汇来之现银，先集中太谷；办收交，开利率，悉以太谷为先为准。又省库所收之银，其元宝上有太谷县孟家银炉所印之“孟合”二字，即当做十足银使用而不化验，可知太谷县在当时经济势力之大。票号固以汇兑为业务，而资本不雄厚，则不能运现以接济。余调查票号时，太谷县协成乾票号股东孙培基对余云：“票号是太谷先发明的，约在乾隆年间。”其人为举人而善于掌故，其所云不能无因，但究竟如何，尚待第二次之调查。

太谷之领袖票号为志成信、协成乾。志成信为最老，协成乾系志成信之伙友分设者。志成信在外设有标局，名曰志一堂，系送现银，有账可稽者在道光年间，且该票号在北京仍用志一堂名号。是志成信在太谷票号中为最古。志成信之股东有孔行素堂者，即为行政院副院长兼财政部长中央银行总裁孔庸之先生之家也。其家人多有习票业者，咸丰时有孔宪仁先生为志成信之股东兼经理，对志成信业务曾大为扩充也。票号在昔时为最完善之金融机构，孔庸之先生承其家学，而应用于现今之财政，此抗战以来财政之所以有办法者即在此也！故余将山西票号以历史的眼光先编为《山西票号史》一书，至票号中之奥妙，余为门外汉，有待于将来补充本中说明。

中华民国三十三年一月一日

卫聚贤记于说文社之聚贤楼

目 录

一 历 史

一种事业的产生与消灭，不是凭空出来的，是从环境需要而形成的。山西票号，产生于道光初年，失败于民国初年，兹将其产生与失败因果的关系，列举如下。

(一)票号的前身

票号的产生固在道光初年，但其产生的原因，则与中国历代货币制度有关。而近因则系戴、顾等人为民族革命，创设标局，为票号的前身。远因固有货币史，不宜细载，而近因无直接史料，亦不能详述，兹为简略说明如下。

1. 货币的演变

古代以物易物，不用货币，后来为交换便利起见，则有硬货币的产生。硬货币因用贝壳做饮器，而有“贝币”；由贝币用仿造的则名“蚁鼻钱”；因用石铲为农具而有“铲币”；后仿造的名“布”；因用刀割物，则亦以刀为货币。因用石的或铜的纺织轮变成环钱，先是内外皆圆，后因币面摩擦，减少其分量，改为方孔，用方木棍穿入其中。古币至秦始皇而废(王莽时，曾一度用过)，惟方孔的环钱，通行至清末。古货币多铸地名，后加法定价值，至秦汉纯用法定价值，如半两、五铢之类。至刘宋始铸年号，后世的也只铸年号，惟清末铜元上则有将铸地、年号、法定价值三者均列出的，此皆为铜币。虽其间有铁铸、铝铸，但皆名之为钱。若金之用，始自战国，状如饼形，上盖铸地之印。银之使用，较金为后，而形状亦如饼，但为长圆形。宋名为铤，至元代始铸成“元宝式”，约重五十两。清初在新疆铸币约重一两。清中叶，东南沿海多用外国银币。清廷亦自铸，重为七钱一分，广东并铸有二角、一角的辅币。民国以来，铸有袁世凯像、孙中山像等银币，也有一角等辅币。民国二十五年，改用法币，白银收为国有，另铸二角、一角、五分的镍币，一分、半分的辅币。

交易日繁，因硬币产生不易而用软币。春秋战国时有“皮币”，形不可考，惟汉武帝时以鹿皮为之，其性质等于现在的划条。东汉用布为之，六朝则有“枋柜”于大寺院中，存放现款，由寺院开一收条，存款者持此收条交易，交付货款，其性质等于现在的支票。唐时政府于长安东西市设枋柜，存入现钱，而收保管费。又商人从各地至京师时，将现钱交各道进奏院或诸军使，领取合券，到京师取现，名为飞钱，其性质如现在汇兑。宋时四川商人王昌懿等十六家，设交子铺，凡商人以现钱交给交子铺，交子铺用同一色纸上印树木人物，以无记名式填入钱数，押字盖章，交给付钱人，远近使用，称为纸币。后由宫廷收回自印。因纸张不良，每届三年，以新钞换旧钞。元明两代，甚为通行，清在顺治及咸丰时曾一度使用，至清末，大清、交通银行成立，发行纸币。民国以来，发行纸币之银行甚多，民国二十五年以中央、中国、交通、农民四行的纸币为法币。

山西票号的成立，就是因标局转运硬币不便，改为软币的会票，其方法当有采取飞钱、交子的。

2. 李自成的遗金

山西祁县戴光启，于明末宣抚陕北，仕于河南，但未久致仕而卒。其子戴运昌（止菴）为河南尉氏令。当戴光启巡抚陕北，惩贪奖贤，为人民所爱戴，后因大旱，而贪官污吏又压迫人民，因而李自成等铤而走险。李自成进兵河南，对戴光启后人戴运昌优待不杀，戴运昌遂降于李自成。李自成进兵山西，惟对戴光启的家乡祁县，未杀一人。及李自成破北京，亡明社稷，戴止菴以父子仕明，悔降于李自成，因自尉氏归，羞见家乡父老，未入祁县城，在祁县南麓台山中筑屋自居，卒于康熙六年。

四月三十日，自成西奔，无他伎俩，到处先用贼党，扮作往来客商，四出传布，不杀人，不爱财，不淫，不掠，公买卖，免钱粮，且将富家钱分账穷民，颇爱斯文秀才，迎者先赏钱币。山陕秀才，益信为真。（见《明季北略》二十卷之八十八页）

亦可作戴止菴降李自成之旁证。

李自成入北京，将明朝文武诸臣八百余人拷打求金银。及李自成自山海关败归，将所掠及宫中藏的银器等，熔铸成饼，每饼重约千两，共数万饼，用骡车载走。清兵进至定州，李自成败伤，过平定州后，清兵未追。李自成自山西大道上经过时，杀人太多，恐败兵之后，再遇暗算，乃沿南山行走。至祁县南二十里孙家河时，或者曾将现银一部分遗弃。现在祁县尚传说元丰玖票号股东孙郅系孙家河人，其先人曾拾有李自成的弃金。

按孙郅的家谱是：

孙高山—旺庵—有龄—陈笏—郅—淑伦—继先—廷典—步城（现年二十一岁）

孙高山生于康熙十五年，卒于乾隆二十三年。孙家河村西北，有孙高山墓碑云："家道中落，未有厚产……乃走关东，经营产业，渐积万金。"

孙家在高山时，"家道中落"。在高山之父或祖，其家道必富，是孙高山之父或祖，有拾李自成遗金的可能，但大宗遗金，则在戴家。

李自成自受伤后，弃马乘轿，见清兵不追，到祁县麓台山，在其故臣戴运昌处休息。感其先人戴光启在陕的功德，又受戴运昌的招待，送给戴运昌的现银不少。戴运昌后将其银交其子戴廷栻，做革命的工作运动。

江苏昆山县人顾炎武，在江南谋革命不成，到山东不能立足，乃至山西与傅山为友。傅山号青主，山西太原人，其祖母系明朝的公主，故与顾炎武和戴廷栻联合起革命。戴廷栻在祁县城内建立三间四层楼的"丹枫阁"。

丹为红色，枫树到秋天其叶红色，含有"朱洪"二字义，阁与武系音转（如武与物音同，物亦读如窝，窝音近阁），系暗射此为纪念"朱洪武"而设，《丹枫阁记》言梦见古衣冠人，明指明朝，是丹枫阁为革命策源地，已无疑问。而且有傅青主、傅须男、白居实、胡季子、薛文伯、张中宿、李凤皋、石亮四、黄石齐、马君当、阎古古、顾宁人、汪苕文、杨犹龙、王山长、施愚山、宋牧仲、吴鹿友、唐采臣、王贻上、魏环溪、冯大木、田兼山、朱小晋、李孔德、阎百诗、范彪西等"天下名士，南方多集冒巢氏水绘园，北方则丹枫阁称极盛焉"（戴廷栻墓志铭，见《祁县县志》）。

丹枫阁建筑之宏大，丹枫阁食客之多，而且阁中藏书鼎彝（《丹枫阁记》，见《半可集》），又"丹枫阁藏版，海内共知"（戴廷栻墓志铭），丹枫阁主人戴廷栻财产之富于此可知。而傅山为戴止菴传云："棺外无余物。"其父既如此之穷，其子未经商致仕，何以突富？其财当有得自李自成的可能性。

3. 标局的成立

戴廷栻、顾炎武、傅山等均文人，如何能完成革命事业？谋招徕武人为助，但恐清廷注意，利用山西人民长于经商，从保护商人及代替商人转运现金、雇佣武人为名入手，于是组织“标局”。

标局是雇佣武术高超的人，名为标师傅，腰系标囊，内装飞标，手持长枪（长矛），于车上或驼轿上插一小旗，旗上写标师傅的姓。沿途强盗，看见标帜上的人，知为某人保标，某人武艺高强，不可侵犯。重在旗标，故名“标局”。标局分春夏秋冬四季，运现至山西太谷县，名“太谷标”；又运至祁县、平遥、汾阳，名“太汾标”。此时名为标期，又称过标。

标局是什么时代设立的？《万籁声武术汇宗》（商务本）云：“考创设标局之鼻祖，乃系清乾隆时，神力达摩王之老师，山西人神拳无敌张黑五者，请于达摩王，转奏乾隆，领圣旨，开设兴隆标局于北京顺天府前门外大街。嗣由其子怀玉继以走镖，是为镖局之嚆矢。故镖师父走镖时，有‘黑五’口号者，即看对方是否为张黑五门下之友朋孙徒也。”按戴廷栻卒于康熙三十年，标局之成立，当不在乾隆时代。

《聊斋志异》作者蒲松龄先生在他作的《磨难曲》第二十二面，有一段关于标局的记载：

……那一位山西小举人，便问：“听说贵省大乱，年兄怎磨来？”举人说：“乱处是太原和平阳。小弟来时雇了二十名标枪，送过平原百里外，就好了，我自己就来了。”

这里所谓“标枪”，“标”为“飞标”，“枪”为“长枪”，是保护行旅的，后时名为保镖即此。《磨难曲》是什么时候作的？《聊斋文集》卷上《元配刘孺人行实》云：

松龄年七十，遂归老，不复他游。先是五十余，犹不忘进取，孺人止之曰:"君须复尔。倘命应通显,今已台阁矣。山林自有乐地,何必以肉鼓次为快哉!"松龄善其言,领儿孙入闱,福心不能无望,往往情见乎词。

据此,《磨难曲》系蒲松龄于五十岁时作。按蒲松龄五十岁为康熙二十八年,正在戴廷栻死前二年。是标局发源于山西。〔按道光二十四年蔚泰厚京都与苏州八月二十日信稿中云:"今伊逢吉动身,跟标车三辆,每辆装标箱八只,共计二十四只,计实合足六万八千六百两,又九九松江银五千四百两,统共合咱平银七万四千两,随开去号码一折,到日查收……随带去盘费银两百五十人。至于车价,每车京钱八千五百文,标兵三人,每人工价银十八两,酒钱在外。"九月十八日信云:"咱与日升昌沈标,俱归于志一堂运苏,大约不远,大德玉隆和又有锦标来京,交蔚丰等。"七月初十日信"东口十月标",十二月十五日信:"万金号……冬月初九日起信云:月息,春标九厘,秋标七厘,长标无市。"由此可知,在道光二十四年时,标局有志一堂(即志成信),运标有标兵,每年标期分为春夏秋冬四期。〕且在戴廷栻、顾炎武、傅山谋起革命之时。标局为顾炎武等计划而设,后由标局产生票号,故山西人相传票号为顾炎武所计谋,非是。

此外尚有"形意拳"可证。《武术汇宗》四五页云:"行意拳法,传于山西白先生(遗其名)。后有郭芸生者,精于此拳……分为十二形,为'龙虎猴马鸡燕龟蛇鹰熊'是也……"按此拳传自戴家,白戴声近,为万君所误听。按戴家世系是:

- 戴光启
  - 濬昌
    - 廷枬
    - 廷梅——绅
  - 运昌
    - 廷桓
    - 廷栻——茂实
      - 昆瑜
      - 昆瑄
      - 昆理
      - 昆玿
  - 沛昌
  - 福昌

形意拳——祁县传为戴大旅和戴二旅所创，大旅或即廷桓，二旅或即廷栻。云此法从岳飞传下，兄弟二人在河南从老道人中学习，在十家店经商，有一二百土匪抢掠，被兄弟二人赶走，由是出名。（《续小五义》中的老西白眉毛徐良，为山西祁县人，是由形意拳出名的。）其传授高徒是：

戴二旅——戴良栋

李老农——车二——常友儿——戴达
乔涧溪

现在戴家后人戴某拳术亦精高。戴家之精拳术，文可“以文会友”，武也可“以武会友”，既非外行，故标局中的标师傅可以请得来。

4. 革命之失败

戴廷栻、顾炎武、傅山在山西成立标局，目的在革命，但不久失败。其失败的原因：

（1）宫廷压迫。

戴廷栻在祁县城内建筑丹枫阁，招集四方文人；又设标局于太原，容纳各处武士，这都是表面的。其密聚的地方，则在麓台山戴止菴的隐居处。后来被清廷注意，麓台山的房屋被焚毁，戴廷栻不得已也做了山西闻喜县儒学司训，曲沃县的儒学教谕，表示降服。戴廷栻所著的《半可集》，富有民族思想，至嘉庆再版时，已成残物。因宫廷积极压迫，所以革命不能成功。

（2）人民不敢公然赞助。

五代时北汉踞晋阳城抗宋，“宋太宗亲封不降，城虽垂拔，犹且力拒”（吕惠卿《惠明寺碑铭》），以至“薛王出降民不降，屋瓦乱飞如箭簇”（元好问《晋阳怀古》），山西太原气之盛可知，但“战争一炬成焦土”（《晋阳怀古》），“诏坏故城，遗其民于新邑”（《惠明寺碑铭》），这是积极的压迫。而“官街十字改丁字，父老至今哭向天”（《晋阳怀古》），他于唐明镇建设现在的太原省城，但将十字街改为丁字街，意谓碰钉子，不使山西太原人有所发达（详见我著《晋祠指南》），这是消极的压迫。故山西太原人经过这次压迫后，多舍仕途，到了经商的一条路上去，对于革命事业，不敢公然赞助。

（二）票号产生的原因与时代

山西太原人民，自从北宋受压迫以来，弃儒经商，至明末清初，凡是中国的典当业，大半系山西人经理，由蒙古、东三省、新疆以至苏俄，所需红茶，均由山西人在江南采办运往。而且山西人经商，以勤俭为主，是以小学生读书，聪明者入商，次者务农，再次者聪明不足务商，身弱不足务农，方入于求功名之一途，这是山西商业发达的原因。

戴廷栻、顾炎武、傅山成立标局，固为革命，但非山西商人经商足迹之远，不足以促成。

求帮之意，业茶者曰茶帮，业丝者曰丝帮；山西太谷县的票号曰太谷帮，祁县票号名为祁县帮，平遥县票号平遥帮，是帮有伙同之意。按从前商人以带现款往某地购货，中途恐被土匪抢劫，联合当地若干商人，共同前往，名之曰帮。是以小股土匪不敢行劫，但遇本领高强或大股土匪，则非商人所能应付（如小说中喽啰看见大批商人过来，速报大王，大王下山，大叫一声，留下买路钱来过去），因而需要标局的标师傅保标。

标局初为保护行旅，继则代运现金。标局之所以成立，系解决商人所带现款之困难；而票号所以成立，系抵制标局转运现金运费之高昂。

票号成立的传说，有：

一是乾隆时征大金川小金川用兵有年，需用粮饷甚多，由京解往四川，路远而且不便。适山西平遥日升昌颜料行在四川平遥各地贩卖铜绿，将四川盈余者得中标局运京，乃与管军饷的私人商议，曾做过两相拨兑的生意。

二是山西商人在北京开干果店甚多，每至年终，将薪金由标局运往山西。但因运费高昂，与日升昌颜料行是亲友者，交到北京日升昌颜料行，写信到家，家中凭信，到山西平遥县日升昌颜料行取款。因日升昌老号本在平遥，而总号设在北京，各号结账，均得归到北京，是以两相拨兑，均省得一笔标局运费。初则限于亲朋，继则只要有人介绍，同乡亦可；久则因为便利，如需要兑款，可以向外兜揽拨兑，为内贴外贴，视彼此需要而定。

但经营颜料商并非日升昌一家，按平遥达蒲村（即日升昌股东李五典之村）村东梅葛仙庙（现倾倒），有乾隆五十一年碑，云，“广募……以京师商人之力居多……数日间积金数百两”，咸丰十年碑，共捐银一千三百七十一两六钱五分，“京城阁颜料行捐一百二十两”，而日升昌股东“李兰溪捐银四两，李箴视捐银二两四钱”。以达蒲村一村而论，日升昌股东微乎其微。迨其经理雷履泰，由普通拨兑，于道光四年改为票号，已有余利；在道光三十年，已建筑中院（见人事），但尚在其村，不称富有。

又按蔚泰厚道光二十四年京都与苏州往来信稿中，当有日升昌在沈来标七八万两运往苏州，多关东宝云云。似日升昌在东三省有相当的金融势力。或者因山西商人在东三省外蒙古经营商业，是以发生拨兑么？

日升昌由颜料行改。据日升昌现任经理梁怀文（现年八十二岁）云：“伊于光绪初年到四川时，见日升昌门上尚悬有颜料的招牌。”日升昌何日由颜料行代办汇兑，改为专营汇兑事业呢？据梁怀文云：“是道光十年。"但按日升昌内悬有一木匾,上书"怡种养素之轩",下书"道光四年孟夏","七松老人",图章为李秉礼。或者日升昌就是道光四年改立的。

相传发明票号者为雷履泰，但雷履泰生卒年月不可考(1770—1849,编著)。惟平遥县城内文庙道光二十四年碑,有"雷履泰捐银四十两",是票号之设立,总在道光年间。

又相传雷履泰为日升昌大柜,毛鸿翙为日升昌二柜。后毛鸿翙出号入蔚泰厚绸布庄,将蔚泰厚亦改为票号。兹观蔚泰厚于道光二十四年及咸丰元年京都与苏州往来信稿中，尚能看出蔚泰厚对于日升昌的妒忌及两家争夺生意情形：

道光二十四年蔚泰厚苏州分庄京都信稿，四月二十三日信云："再报:苏地大涝,功名以及钱店生意,咱号概不能做分文,皆因日升昌、广泰兴等号,今年以来,收揽从九监生,加色曹平,二十二微大些,二十、二十一不等。照此,咱等实无划算,是以只可不做,但不知伊等如何算法。"

八月初八日信云:"今耳闻日升昌亦往苏起银七八万两，起身日期,亦许在三五天内。报知。"

八月二十日信云:"跟标车三辆……统共合咱平银七万四千两……至于此次办理,缘三几天,日期甚急,所以银色未免无暇过神,且又遇承光庆、日升昌一号俱加利借银,因而即便有工夫时,亦不能顺手挑拣,将此情呈兄知之。"

九月初十日信云:"志一堂定于二十六七日往苏送银七八万两,全是关东宝。日升昌所来之银,亦系出与伊号。报兄知之。"

十月二十日信云:"今天日升昌往苏起银八万余两，乃系伊昨日由沈来标,想是关东宝多。伊号早几天在京办足赤金千数两,自系一并带苏。至日,可将赤金行市陆续在京沈逾音,以备咱号,适遇再带。

虽系预为之计,便中题及一二是妙。”

咸丰元年二月初八日信云:“至来信云:‘收会海运经费银两之说,实在一言难尽。但去岁于今正月间,晚等即托本府钟大老爷与元和县贾太爷教与咱号揽会,伊等俱是满口应承,云及今年大委员是粮道倪大人,去年存公银两,就是从宝号会去。况今岁海运数目更多,在二十五六万两。各委员均向藩台恳求,因目下路途甚不宁静,现有西帮二字号,结实可靠评分数号兑去,可保无路途之虞。藩台抚台皆已允准。众人举荐咱号与日升昌贾太爷来号已经说过,是以咱与聚锦定会过京收伊银二万两。不料大委员倪大人次日进省,本府又谈及此事。伊云,别号尚可,惟咱号不教兑会。如由咱号会去,伊定不收。故亲自到日升昌会过银七万来两,净共期五十天,下余仍教委员解去。但此海运巨款,咱号分文不能收会,不说耽误生意,未免外人耻笑。此乃已过之事,无须再论。如后手再有会去官场中,或成重之项,望仁台等务宜看事而行。近来生意实属艰难,况行中手稠,你抢我夺,适有一二宗项,不识落于何人之手。彼此各处,务宜作义为要,将此大略,呈仁台知之。’”

蔚泰厚等据其股东侯崇基云,系道光二十四年改,但按蔚泰厚道光二十四年京都与苏州往来信稿,其首为“四月初八日托天成局寄去八十八次信”。依信的次数计,蔚泰厚至少在道光二十三年改。又按道光二十四年六月初三日信云,“亦非早年可比,近来焉能差许多”,有“早年”“近来”,当然在二十四年以前数年改的。又八月初五日信云:“倘遇占光,京苏系必拘定限制过账,况限来数,十年间,咱号各处捐项,苏局首一,常局在二。”由“十年间”向前推算,蔚泰厚是道光十四年改营票号的。日升昌的专营票号事业,当在道光十四年蔚泰厚改营票号前不远。

（三）票号的盛衰

山西票号史可分为四期：在道光四年以前为萌芽期，道光四年至光绪二十六年为成长期，光绪二十六年至三十四年为兴盛期，宣统元年以后为衰亡期。这些事实，在前章都介绍过了，兹将票号的兴盛与衰亡的背景，分言于下。

1. 票号的兴盛

票号营业所得的利，不外下列几项：

（1）平。过去交易，固有以库平为准的，但各地有各地的平，而又有各号的平。票号每家自特置一平，凡收入银两，长千分之二三，积少成多，每年也算收入之一。

（2）色。银的成色不一，而且无绝对的标准，任人估计。票号凡收入银两，总说成色不足，减低千分之五六。

（3）汇费。汇费视其银根松紧而定，但平时总在千分之十以上。

（4）小存大放。存户存款于票号，大半是二三厘利息，票号吸收了这些小利的款子，再放出去（放款则七八厘利息），这期间得利益很多。

（5）捐款。清廷设有捐虚衔一例，票号因与官场有往来，多托票号代捐。代捐亦有手续费，经手的多了，这笔手续费也不在少数。

尚有择垫一种，即先择候补有出官的可能性者，为之垫款运动。俟其挂牌，乃派人随往到任，设立票号分号，将垫款陆续扣除，此中利息很大。

观各家票号，原来资本并不丰裕，而当时定期存款为多，定期存款，始有利息；活期存款虽可随时取款，但等于不提现，因山西商人向重信用，各处与之存款往来者都相信得过；而且所用银两，不是平色上吃亏，即是携带不便，乃将存款换得一存款条，在他处交易，以存款条给付，他人就可作为现金收付。是票号出了汇票，形同发行纸币，票号无形中得到这一笔帮助，对于资本运用上，自然灵动。

以上是普通营业，若要扩大营业，则有下列各条件：

(1)存入官款。官款原规定在京存户部，在省存藩库。如与官场有深的交情，此笔大款存入票号，可以不出利息。

(2)汇兑官款。人民及商家汇款，究竟不多，而宫廷的钱粮关税以及陕甘协饷等，在先是宫廷自运，如与宫廷有交往，可以由票号代运。

至于捐项一宗，因与宫廷往来甚密，由虚衔亦有走到实缺的，是以收入更大。

但与官场往来，不便公开的，亦不是白白可往来的，总得有相当的交际费。直至光绪二十六年，乃由秘密而到了公开的地步。

义和团之乱，八国联军入京，清廷仓皇出走宣化，由大同经太原而长安。当其出走之时，衣物尚不及带，金钱甚为缺乏，路过票号的总号所在地太谷、祁县、平遥这三县，与票号有往来的，虽无会票等，均可提款，接济了清廷贵臣不少困难。因而到了事平后，对于票号大为信任，国库使之代收，是以赋税存款及汇解，与各省摊派的外债汇解，大宗款项，均归票号，此票号营业在此时期所以兴盛。

票号由光绪二十六年至三十四年，为最发达之期，兹举会通远、大德通两家为例。

会通远于同治十三年开设，由同治十三年至光绪三年，除过四五两年，每年股东每份使“俸股银”六百两；光绪十年至十二年，每年为三百两；十三年为八千两，而且有“收入来倍本银”若干。知由同治十三年营业至光绪十三年，共十四年。开账前后共计为一万六千七百两。光绪十四年至十九年为三百两，二十年至二十二年为六百两，二十三年为一万六千六百两，共十年，开第二次账，共计一万二千七百两。二十四年至二十六年为六百两，二十七年、二十八年末开“俸股银”，二十九年为一万四千两，四年一账，共计三万二千两。三十年至三十三年为六百两，三十四年为四千两，五年合计六千四百两。宣统元年至三年，每年“俸股银”六百两，再未开账，即为歇业。

大德通于光绪十年开设，光绪十四年开账，每份八百五十两，十八年为三千零四十两，二十二年为三千一百五十两，二十六年为四千零二十四两，三十年为六千八百五十两，三十四年为一万七千两，以至民国十四年方开账为八千两，十八年为二千两。

兹将两家历年所得红利，作为百分比，画成比较图，红线代表会通远，黑线代表大德通，横格每格代表二年，纵格每格代表百分的两个数目。

根据会通远、大德通两家的红利，均以光绪二十六年至三十四年为最高峰，可知时为票号最发达的时期。

2. 票号的衰败

票号的产生，是由于商业发达至相当程度，而交通及货币的本身，尚未能相随俱进，票号乃是这个时代应运而生的金融机构。如果交通及货币等，也随着商业发达而改进，则票号也顺应着环境加以改组；若交通及货币均改进了，而票号仍保守旧规，在商业发达的时代与环境中，自不容组织不完善的票号存在。另有新的金融机构——银行产生，虽无辛亥革命时的大批倒账，也在自然淘汰之列。兹将票号衰败的原因列下。

（1）货币的改良。

中国旧日的银两，则用元宝，携带既感不便，而银色与秤码，不惟易地就要吃亏,就在同一镇市,此家彼家已稍不同。至乾隆嘉庆,我国东南沿海各省,输入外国银元,人民多以方便而用之,清廷虽曾加禁止而无效。迨至光绪末年,此类外国银元,或因本国币制改革及停铸,清廷乃开始仿造。光绪十六年,粤钱局已铸造银元,江西铸造银元制钱局,北洋机器局于光绪二十四年铸造,奉天机器局于光绪二十五年铸造。截至光绪三十一年止,共铸银元为二万余元。

这宗银元,大批的铸造,使票号对于平色的收入大为减少。

(2)会票的缺乏。

会票缺乏的原因,以交通便利与银元的铸造所致。银元携带各地,既不减色,又不少秤,交通有铁路及轮船,小宗款项,可以自带,用不着交票号汇兑。而且邮局已开始做小宗汇兑,外商银行亦做起内地的汇兑,官款的汇兑亦因大清银行所设之地即归大清银行汇兑,汇兑事业不专为票号所独营了。

(3)会票在社会流传日少。

大清银行于光绪三十一年,发行纸币,纸币分为银票、银元票、钱票三种,各地可以通行兑换,并且能完赋纳粮,人民自然乐用。将从前所存的票号会票当做现金使用的,大半改用纸币。票号的会票发出即为提现,不似从前小额会票发出后,待若干时日方来提现,在空期中资本可以周转的。

(4)存款的减少。

票号向例活期存款无息,定期存款只有二三厘息,而银行及钱庄则为四五厘息,存款者自然自票号提出存入银行及钱庄了。官款无息,但自大清银行成立,官款即提存大清银行,赔款亦存外商银行。利息方面,票号因存款者日见减少,而自己又无雄厚的资本放出去,故利息的收入自然就减少了。

是以光绪三十四年时,票号中人自己也感觉了,他说:“乃自甲午庚子以后，不惟倒欠累累，即官商各界生意，亦日见萧条。推原其故，固由于市面空虚，亦实以户部及省银行次第成立，夺我权利。而各国银行复接踵而至，出全力与我竞争。默计同行二十余家，其生意减少已十之四五；存款之提取，更十之六七也。即如户部银行所到之处，官款即令其汇兑；我行之向做交库生意者，至此已成束手之势。我行存款至多向不过四厘行息，而银行则可将五六厘；放款者以彼利多，遂提我之款，移于彼处。且彼挟国库藩库之力，资财雄厚，有余则缩减利息，散布市面，我欲不减不得也。不足，则一口吃尽，利息顿长，我欲不增，又不得也。彼实司操纵之权，我时时从人之后，其吃亏容有数乎？至于外商银行，渐将及于内地，所有商家贸易、官绅存款，必将尽为欲夺，外人素习商战，更非我所能敌。试问，我行尚有何事可做乎？此数年来之陈迹，亦以后事势所必至，非晚等之过虑也。”（李宏龄的《山西票商成败记》）

票号失败的原因，既已显著，自己应即改革，以适应环境。但票号自以为在金融界有根深蒂固的历史，是以在光绪二十九年北洋大臣袁世凯请票号加入天津的官银号；光绪三十年，组织户部银行时，亦请票号加入股份，并由票号中人组织银行，票号均为回绝。后来户部银行改由浙江绸缎商筹办，此今日浙江人在金融界上有巨大势力之由来。

票号既失去改组为银行的机会，但在各分庄的经理，目睹营业日艰，自己非改组银行不可，乃由蔚丰厚北京分庄经理李宏龄与三晋源存义公股东渠楚南商议，联合在北京的三帮票号，致函山西总号，一面分函各地分庄征求意见。后来李宏龄将此信稿用石印，名为《山西票商成败记》（见附录）。当时三帮票号，固有二十余家，但以平遥县侯氏的五联号（蔚泰厚、蔚丰厚、新泰厚、蔚盛长、天成亨），势力为大，而五联号中以蔚泰厚经理毛鸿瀚最有权力。他是光绪二十四年蔚泰厚经理，住在平遥，对于外面的大势，一切不知，而且，六十岁以上的老人，精力已衰，意存保守，极力反对由票号改成银行。是以李宏龄等联合信去无效，时他的伙友张石麟亦力争改银行不果而辞退。

银及人未参加到大清银行去，就是票号改成银行，也无大利可图。不过多延长几年，不至于辛亥一受打击，则倒闭随之而生了。

辛亥武昌起义，各省响应，存款的人纷来提款，放出去的一点也收不回来，致使周转不灵，各地分庄，纷向山西总号请拨款接济。但总号存款有限，一时均接济各号，是接济不来的。各分号见总号无钱接济，有的歇业逃归，有的被控入狱。总号经理有一部分看见大势已去，借故辞退，将票号所存的现款，尽先归他提取公积金用。总号之款，既已空虚，迨至民国元二年时，债权人均到山西总号坐索，因股东负无限责任，只得将股东的住宅拍卖。股东早恃其遗产为生，无生活的能力，形成了早为堂皇冠冕的富家翁，晚成饿殍，沿街乞讨，多饿死于道途。

票号有一部分因资本较雄厚，外债偿还，照常营业，但票号既无利可图，此处因纸币的损失，彼处有捐款甚重，总号及分号又养着很多吃饭无事可做的人，开支甚大，年年赔本，因而在民国十年左右歇业了。

现在所存的三家票号，早已改为钱庄，兼营其他商业，名为票号，实质早去。

票号既已失败，欲从事恢复，绝不可能。惟票号商人勤劳耐劳，专重信用，以此项人才，用于省县的地方银行则甚适宜。

二 概 况

票号以平遥产生的最早而最多,祁县次之,太谷又次之,应以平祁太为序。但山西在习惯上则称祁太平,以祁为首,平为末。又按标分为太谷标与太汾标,太谷独为一标,是太谷在金融上比祁县、平遥为大,故以太谷帮为首。

(一)太谷帮

志成信 原为苏广绸缎庄。据同治十二年改组合约云,"因志信开设历史已久……" 按平遥蔚泰厚道光二十四年京都与苏州往来信稿中,有三处写到志成信替他们带东西,如九月二十二日信云,"志成信咱汇票,今日已收到,勿念";又说到志一堂运标,志一堂即志成信(在北平用志一堂,在太谷用志成信。又有会通盛为钱庄,会通远为票庄,四号为一联号)。太谷沟子村关帝庙道光二十七年碑有志成信布施,是志成信于道光时已经营票号事业。同治十二年另行改组后,乃专营汇兑事业,于民国三年歇业。

资本原为三万四千两,后加为二十六万两,四年一账,普通开七八千两,最多开过九千五百两。

股东 孔仁素堂 太谷县城内

贠纯复堂 太谷县沟子村(太谷县城西五里)

经理　孔宪仁　太谷县城内人

马应彪　榆次县人

胡墨庵　太谷县程家庄人(太谷县城西五里)

齐梦彪　定襄县人

协成乾　原为志成信同事出号另组织而成,咸丰十年成立(按同治十年元丰玖借外银账,已有“协成乾二月初七日收借镜宝银五千两”),民国二十年歇业。

资本原为六万两,后加为二十四万两,五年一账,顶多开过一万一千两。

股东　吴遵仲　太谷县桃源堡人(太谷县城东南五里)

张墉椿　太谷县城内人

孙阜年　太谷县城内人

杜资深堂　太谷县阳邑人(太谷县城东二十里)

房映宾　太谷县城内人

安立志　文水县人

贾殿诏　太谷县城内人

经理　吴士廉

程小川　祁县砲守堡人

会通远　会通远于道光三十年以前业已成立。按日新中道光三十年京都总结账有“四月初十日致会来会通远记足银五千两,合本平足银五千零七十六两”的记载,到了同治十二年改组,专营汇兑业。民国三年歇业。

资本原本八万一千两,后共赔本成十九万八千七百二十五两二钱六分,六年一账,普通每股开六百两(银股二十六股。原人力股七股二,后加二十四股零九,共计人力股为三十二股)。

股东　孔行素堂　太谷县城内

志成信（原入本五千二百五十两）

曹敦古堂等三十家（见会通远同治十二年至宣统三年万金账）

经理　孔宪仁　太谷县城内人

　　　孔庆宜　太谷县城内人

张学良等顶人力股的，由一厘起至一分止，共计在万金账上者为一百十六人，但创设时经理为一分，后来经理则为八厘。

世义信　光绪十九年由钱铺改，民国十年歇业。

资本二十万两，未开过账，赔了二百万两。

股东　杨生春（杨老五）　太谷县城内人（先住在井神村）

经理　罗长汉　祁县会善村人

锦生润　光绪二十九年立，民国六年歇业，至民国十一年，清算完结，开过两次账。

资本原为三万二千两，后加为七万二千两。

股东　曹师宪　太谷县北洸村人（太谷县西南十里）

经理　张子宽　文水县城内人

恒隆光　道光时成立羌大庄（俄国货），于光绪十年改为票庄，民国元年歇业，多营东三省外蒙古及俄国商业。

资本十五万两，分为六股，每股二万五千两，最多开过二万两，普通开一万四五千两。

股东　史正光　榆次县西胡乔村人

　　　朱光生　榆次县东阳镇人

徐成德　同治时由钱庄改成票庄，民国九年因放疲账四十万元歇业。

资本一万五千两，三年一账，最多开过六千两，普通开三四千两。

股东　许书绅　榆次县永康镇人

许书笏　榆次县永康镇人（后人均亡）

经理　王芝　榆次县车辋村人

张清明　太原县东堡村人

刘殿英　榆次县上营村人

段琨（歇业时经理）　榆次县北窑村人

大德玉　嘉庆十二年成立布庄，同治时改营票庄。按光绪五年元丰玖银钱流水账上有“四月十七日谷标收大德玉还来镜宝银三千两”。光绪二十五年，营口通聚源疲账二十余万两，与联号大羌玉（同治五年立）营口东盛和等，亦有疲账六十余万两，辛亥革命损失三十余万两，又其连号大升玉（道光八年立）、大泉玉（道光二十年立）、独慎玉（光绪五年立）在莫斯科赔累一百四十余万两，民国二年歇业。

资本二十万两，银股三股，为致和堂、中和堂、五和堂（按常万达——康熙五十七年生，嘉庆元年卒——长子怀玗为致和堂，次子怀玠为中和堂，三子疑珮为五和堂，因疑珮生有五子，其致和堂谱系为怀玗——秉猷——猷——立贤——富春——凤梧——士奇），五年一账，普通开六七千两，光绪二十七年开过一万三千两。

股东　常致和堂、中和堂、五合堂　榆次县车辋村人

经理　常恽

常之训

大德川　光绪三十三年成立，民国二年歇业。

资本二十万两

股东　常致和堂等　榆次县车辋村人

经理　侯铭　太谷县田桥村人（太谷县东北五十里）

（二）祁县帮

大德通 原为大德兴茶庄，成立于咸丰年间，兼营票庄，上海汇业公所光绪八年碑上有大德兴。按大德兴在同治十年元丰玖收贴费现利捐项银账的贴费处有"出贴大德兴会京费纹银三百一十二两"。于光绪十年将票庄划出，另立大德通。惟大德兴茶庄，至光绪二十八年尚存在，如蔚泰厚光绪二十八年银流水账七月二十八日有"京大德兴会去宝纹银一千零七十两，合平一千零五十五两六钱六分（每百小一两三钱四分）"。大德通至今尚存。八一三前总号迁移北平，国民初年在四川以纸币稍受损失，经高钰之调度得法，故能保存至今。但名为票庄，因汇兑多被银行所夺，故与钱庄相等，现并兼营其他商业。

资本原为六万两，现在为五十万元，每三年一账（原来四年一账），最多开过二万两，普通开一万两左右。

股东　乔锦堂　　祁县乔家堡人

经理　高钰　　祁县子洪镇人

　　　高章甫　祁县西六支村人

大德恒 与大德通票号同时成立。（按光绪八年上海汇业公所碑上尚无大德恒名字，在光绪十六年会通远外借账上已有，"大德恒记十六年二月初八日借本银二千两"。）至今尚存。总号于民国二十三年移至北平。

资本原为六万两，后改为五十万元，三年一账（原来四年一账），最多开过一万两左右，普通为七八千两。

股东　乔锦堂　祁县乔家堡人

经理　阎竹圃　祁县古县村人

　　　赵子威　祁县梁村人

大盛川 原为裕盛魁钱铺，于光绪十几年改为票庄。（按光绪二十八年蔚泰厚银流水账上有,“七月初十日出大盛川取营会去规银九千八百三十两,以九三三七三扣本平银九千一百七十八两五钱六分”。)在光绪三十一二年后,至民国十八年为最发达,因东家大盛魁在蒙古经商。自外蒙独立,经理不得其人,大盛魁歇业,因而大盛川于民国十八年停止营业。

资本二十万两,三年一账,最多开过一万零八百余两。

股东　大盛魁

按大盛魁股东是:

张廷将　祁县城内人

史孝敬　祁县城内人

王绅　太谷县武家堡人

经理　颉丕麟　祁县大韩村人(祁县东南十五里)

吴佐绪　交城人

存义公　原为布庄,于道光初年成立,同治初年改营票号。(按同治十年元丰玖收贴费现利捐项银账上贴费处已有,“二月初七日出贴存义公会京费纹银二百八十六两”。)民国五年歇业。

资本十六万两(每股一万五千两),四年一账,最多开过一万五千七百两。

股东　渠宝庭(康熙初年在归化修庙捐银一千两)祁县城内人

渠小舟　祁县城内人(现住天津英租界)

张祖绳　祁县贾令镇人(祁县北十五里)

经理　颉鲜五　祁县大韩村人

罗秀一　祁县城内人

文敬三(歇业时经理)　文水县人

三晋源　同治初年成立　(按同治十年元丰玖收贴费现利捐项银账贴费处已有“八月十二日出贴三晋源会京费纹银一千二百七十

两”)。民国二十三年歇业。

资本二十万两,四年一账,最多开过六千余两。

股东　渠小舟(现住天津)

经理　武呼之　文水县人

大德源　由福生达茶庄改,于同治时成立,光绪十四年改为票庄。(按光绪十六年会通远外账上已有,“大德源记(有票)十六年四月十九日借本银二千两”。)因在四月放疲账,于光绪十八年歇业。

资本十万两,四年一账,未开过账。

股东　乔兰三　祁县乔家堡人(祁县东二十五里)

经理　张孝叔　文水县人

中兴和　原由巨兴和票庄改,巨兴和系道光末年成立。(按道光三十年日新中都总结账收平邑会票上已有,“二月初三日收会来巨兴和记足银五千两,合本平足银五千零七十九两”。)于光绪十二年改为中兴和。(按光绪十六年会通远外借账上已有“中兴和记(有票抽去)十六年二月初八日借本银一千两”。)民国三年歇业。(按宣统时尚有中兴和记各路会账簿册。)

资本六万两,四年一账,最多开过五千两(巨兴和开过四千两)。

股东　戴和流　祁县菩萨村人(祁县南十五里)

　　　蔺天祥　辽宁人

经理　常守道　太谷县人

　　　张学士　祁县张名村人(祁县南十里)

　　　张守信　榆次县人

巨兴隆　道光初年成立。(按道光三年祁县火神庙碑上已有,“建庙经理人巨兴隆”,“募化布施人臣兴隆”……)于同治年间改为票号(同治十年元丰玖收贴费现利捐项银账上已有,“五月十二日收巨兴隆会上费足银一十三两五钱四分”。)光绪十二年歇业。

资本十万两，四年一账，最多开过三四千两。

股东　戴和流　祁县菩萨村人

　　　杜某　祁县北谷丰人（祁县西北五里）

经理　王德洪　祁县王村人（祁县东北五里）

元丰玖　咸丰九年成立，故名曰“元丰玖”。（按咸丰十一年日升昌平遥来信底稿云：“惟元丰玖、蔚泰厚二号连现存并出放者每家总在十万有零……”）光绪十九年歇业。

资本十万两，四年一账，最多开过三四千两。

股东　孙郅　祁县孙家河人（祁县南二十里）

经理　王封晋　平遥县城内人

（据元丰玖同治十一年应支账，内载从同治十一年至光绪二年，应支者为王康侯、阎大儒、巩玉琳、侯焜、雷昌绪、许佩绶、任炳中等共三十四人。）

合盛元　于道光末年，由茶庄改。（按道光二十七年某号总结账上收平会票已有，“合盛元记今日收会去镜宝银一千，合平九百八十三两八钱”。）民国三年歇业。

资本原分为十股，每股六千两，后加为每股一万两，因资本小而有辅资合盛亨、合盛利、合盛贞三家，每家二万两，共十六万两，四年一账，最多开过一万两，只有三四期，以开二千两时为最长。

股东　郭源逢　祁县荣任堡人

　　　张廷将　祁县城内人

经理　渠寿昌（开幕）　祁县东门外季家窑人

　　　渠庆灏（歇业）　文水县人

日本分庄于光绪三十年设于神户荣町三町目，又设分庄于东京，民国三年，因本庄歇业回国。

日本做汇兑，以天津、上海为多，因中国在日本购买火柴、海菜、杂货等，日本在东三省购买豆油、豆饼、豆子等，以光绪三十三四年汇兑最多，全年汇兑在二千万元以上，汇水视先令而定。普通汇水，票子约需四十日，每万两得汇水五十两。

日本分庄经理为申树楷，祁县申村人，民国二十五年余调查时年五十六岁。

兴泰魁　光绪初年成立。（按光绪五年元丰玖银流水账已有，“二月十六日收十号兴泰魁会去镜宝银三千两”。）光绪十年后歇业。

资本未详。

股东　翟乾阳　祁县城内人（房屋已拆去，后人已绝）

经理　钱某

长盛川　嘉庆末年成立。（按祁县火神庙道光二年碑上已有，“长盛川捐银三两”。）光绪初年改为票号，光绪末年歇业。（按光绪三十二年日升昌总结账上交平晋会票处尚有，“长盛川九月初十日会平本平足纹五千两”。）

资本十六万两，余未详。

股东　渠某　祁县人

聚兴隆　光绪末年成立，在光绪三十二年周口日升昌总结账交汉会票处有，“丙午年二月十五日交聚兴隆汉会足银二千两（每百六七两六）合本平二千零十五两二钱”。

松盛长　光绪五年成立。按元丰玖光绪五年银流水账有，“五月初四日出送松盛长开张物仪纹银三钱”，有“开张”字样，可知是光绪五年成立了，因元丰玖在祁县，故列为祁县帮。何年歇业，不可考。惟上海汇业公所光绪八年碑上有松盛长，大约营业未久，即歇业了。其他则不可考。

长盛涌　同治十年，元丰玖借外银账有，“长盛涌二月十一日收借镜宝银二千两”，光绪二十六年祁县财神庙碑上有“长盛涌募化……”，

“长盛涌施银五十两”,“天津长盛涌施银五两”。

公升庆　光绪二十五年蔚泰厚银流水账十二月初一日有,“出上公升庆取营会去规银一万零一百三十两零九钱七分”。光绪二十六年祁县财神庙碑上有,“吉林公升庆施银五两”。光绪三十二年日升昌上海总结银账十月二十八日有,“收公升庆会谷银三万两”。

公合全　光绪二十六年祁县财神庙碑上有,“上洋公合全施银八两”、“东口公合全施银二两”。宣统三年会通远京都总结账的上号收付票项处有,五月初四日“付公合全上票银一万五千两”。

恒义隆　光绪二十六年祁县财神庙碑有,“天津恒义隆施银五两”。

天德隆　光绪二十六年祁县财神庙碑有,“天津天德隆施银三两”。

裕源永　光绪二十六年祁县财神庙碑有,“天津裕源永施银五两”。

福成德　光绪二十六年祁县财神庙碑有,“天津福成德施银五两”、“东口福成德施银二两”。

(三)平遥帮

日升昌　于乾隆时成立日升昌颜料铺,后兼营汇兑。当时只限店务伙友、亲戚、朋友,出而试之,极合社会需要,故于道光四年另设日升昌票号,民国三年停业(因辛亥革命,川陕失去现款三十余万两,民国十二年由债权人作为股东,仍用日升昌名义复业,民国二十一年改营钱庄)。

资本三十六万两(股东三十股,人力股三十股),四年一账,最多开过一万二千两,普通开七八千两。

股东　李箴视　（李二魔子）　平遥县达蒲村人　（平遥县西北十里，靠近铁路）

经理　雷履泰（开幕）　平遥县城内人（子孙已绝）

梁怀文（现任经理，余二十五年调查时，年七十九岁）　平遥县王郭村人（平遥县西北二十五里）

蔚泰厚　原系绸缎布庄，于道光十四年改为票庄。（见蔚泰厚道光二十四年京都与苏州往来信稿，又在道光十九年祁县财神庙碑上已有“平邑蔚泰厚施银二十两”）民国十年歇业。

资本二十四万两，四年一账，最多开过一万两。

股东　侯崇基　介休县贾村人（东南五十五里）

经理　毛鸿翙　平遥县邢村人

蔚盛长　原为绸缎庄（平遥城外大王庙嘉庆二十二年碑，有蔚盛长捐银十八两），道光十四年改为票庄（按道光二十四年蔚泰厚苏州分庄京都信稿上已言及蔚盛长为票庄）。民国十年歇业。

资本原为十二万两，后加成十六万两，四年一账，最多开过一万两。

股东　侯崇基　介休县贾村人

王培南　平遥县普洞村人（平遥县西南四十里山内）

经理　郭存嗣　汾阳县人

尚求济　平遥县段村人（平遥县西南二十五里）

李梦庚

蔚丰厚　原系绸缎庄，于道光十四年改为票庄（按道光二十四年蔚泰厚苏州分庄京都信稿上已言及蔚丰厚为票庄）。民国初年改为蔚丰银行。于民国十一年歇业。

资本十万两，四年一账，最多开过一万两，普通开六七千两。

股东　侯崇基　介休县贾村人

经理　郝荣禄　平遥县洪善村郝家堡人

范凝静（光绪年间）

新泰厚　原系绸缎庄，于道光十四年改为票庄。（按道光二十四年蔚泰厚苏州分庄京都信稿上已言及新泰厚为票庄。）民国十年歇业。

资本十六万两，四年一账，最多开过一万五千两，普通为七八千两。

股东　侯崇基　介休县贾村人

赵一第　平遥县城内人（由经理人的股份一分）

经理　毛鸿翙　平遥县邢村人

侯王晋（侯王宾弟）　平遥县城内人

天成亨　原系布庄（平遥县城内关帝庙乾隆乙卯年碑有天成亨记捐银八钱），于同治三年改为票号。民国十年歇业。

资本十万两，四年一账，最多开过九千两。

股东　侯崇基　介休县贾村人

马铸　介休县张兰镇人（原为马家生意，因赔累不堪，归其亲戚侯姓，后又发达，马铸为翰林，挟势要回，侯家给了招牌股一分）

经理　侯王宾　平遥县城内人

蔚长厚　由布庄于同治三年改为票庄。（按同治十年元丰玖收贴费现利捐项银账贴费处已有，“五月初五日收蔚长厚会汉费纹银六两”。）民国九年歇业。

资本十五万两，四年一账，最多开过七八千两。

股东　常某　浑源县人

毛鸿翙　平遥县邢村人

经理　范积善　平遥县良如璧村人

范光晋

协同庆　咸丰六年成立（按咸丰六年日升昌苏州总结账交平汇票处上已有“协同庆九月初七日交会平消物足银一十三两二钱五分”）。

民国二年歇业。

资本三十六万两，四年一账，最多开过一万四千两，普通以开八九千两为多。（公积金约四十万两，至张治德时，将公积金开为股份，故开了一万四千两，而此票庄从此空虚。）

股东　王栋　榆次聂店村人（后人已无）

　　　米秉义　平遥县王智村人（平遥县西北三十余里）

经理　刘庆和（领本，光绪十六年卒）　平遥县侯冀村人

　　　赵德蒲（约一年）　平遥县城内人

　　　张治德（五年）　平遥县城内人

　　　雷其澍（四年）　平遥县城内人

　　　温子翰（三年）　平遥县城内人

协和信　咸丰九年以前成立。（按同治十年元丰玖收贴费现利捐项银账贴费处已有，"二月十四日出贴协和信会运费纹银七十两"。）光绪二十七年改为协同信。

资本一万两。

股东　王栋　榆次县聂店村人

经理　李清芳　平遥县南门外人

协同信　于光绪二十七年由协和信改，光绪三十年歇业。

资本八万两，未开过账。

股东　王栋　榆次县聂店村人

百川通　咸丰十年成立。（按同治十年元丰玖收贴费现利捐项银账利银处已有，"五月十二日出百川通短日利纹银一十一两五钱"。）民国七年歇业。

资本十六万两（股东银股十股，人力股三十股），四年一账，最多开过二万两，普通开过一万两左右。

股东　渠源浈　祁县城内人

渠源洛　祁县城内人

渠本立

经理　武大德　平遥县城内人

渠川至

汇源涌　光绪七八年成立。(光绪八年五月十三日上海山西汇业公所碑上已有汇源涌票号名字)。光绪十一年歇业。

资本六万两,未开过账。

股东　渠源潮　祁县城内人

经理　段起祥　文水县人

永泰庆　光绪十八年成立,光绪二十六年歇业。(按光绪二十六年祁县财神庙碑上尚有,“京都永泰庆施银四两”。)

资本六万两,未开过账。

股东　毛履泰　平遥县邢村人

段起祥　文水县人

宝丰隆　光绪三十二年成立。(按光绪三十二年日升昌重庆总结账上收成汇票处已有“九月十五日收宝丰隆会成足银一万两,合本平九千八百二十两”。)民国十年歇业。

资本二十六万两,宣统三年开过一账,每股开二千六百两。

股东　乔甫英　介休县洪山村人

许涵度　四川成都人(为陕西藩台,有宝丰银号)

经理　宋聚奎　平遥县梁村人

段同和　平遥县净化村人（平遥县西南三十里）

乾盛亨　同治三年以前成立。(按同治十年元丰玖借外银账上已有,“乾盛亨五月十二日收借镜宝银一千两”。)光绪二十年歇业。

资本十万两，开过三千两　（总号设在介休县张兰镇，应作介休帮）。

股东　冀以和　介休县北辛武村人（介休县东北四十里，距张兰镇十里）

经理　武日中　平遥县城内人

其德昌　按元丰玖光绪五年银流水账二月十六日有“收其昌德会来无色宝银二千两(足平)”。光绪三十一年日升昌京都总结账收平晋会票处有“其昌德会平足银五百五十两，合本平足纹银五百四十六两一钱五分”。余调查时股东房屋正在拆卖，后人各事不知，故无所得。是其昌德大约于同治初年成立。民国元年歇业。

资本等不详。

股东　冀以和　介休县北辛武村人

经理　宋聚源　平遥县梁赵村人

谦吉升　同治三年以前成立。按元丰玖同治十年收贴费现利捐保银账的利银处有，“收谦吉升短日利纹银二十八两”。会通远来往账(账面是同治十二年，内中记到光绪末年)有，“谦吉升记后二十一年来往账移来净取远平镜银七千四百二十两零八钱五分”。大约谦吉升在光绪末年歇业。

资本十万两，其他不详。

股东　李大全　平遥县达蒲村人

　　　高某　陕西人

　　　高某　安徽人

经理　李续赓　平遥县城内人

在道光二十年，除日升昌、蔚泰厚、蔚丰厚、蔚长盛、新泰厚五家外，尚有几家新票号成立。按蔚泰厚苏州分庄京都信稿道光二十四年九月初十日信云：

“年年主顾，总得应承五几两，就是遇此不愿早收会年头，岂能不答应些。倘只顾眼下，惹失交易不浅。况近来时势，更加新立字号几家，想兄等均知。”

广泰兴　新立的几家票号是什么名字？按同信四月二十三日云：“再报：苏地大涝，功名以及钱店生意，咱号概不能做分文，皆因日升昌、广泰兴等号，今年以来，收揽从九监生，加色曹平。”

以日升昌、广泰兴并举，当为票号，但其成立与歇业年月及资本多寡，股东经理何人，均不可考。

承光庆　同信八月二十日云：“至于此次办理缘三几天日期甚急，所以银色未免无暇过细。且又遇承光庆、日升昌二号俱加利借银，因而即使有工夫时，亦不能顺手挑拣。”

以承光庆与日升昌并举，可知承光庆亦为票号，但是其详亦不可考。

日新中　此外则确知为票号者，则为日新中一家。余搜集到日新中的道光三十年京都总结及咸丰二年京都总结账两册，知道其总号在平遥，有苏、江、汉、南、东、西、泾、芜、济、周、屯、京、口十三个分庄。这不惟总结账上有“会票”二字，后面将各处列有花名，写明“收会去”及“交会来”字样，而且于咸丰二年的图章左右角上刻有“信票”二字，与日升昌相同。

按某号（失名）道光二十七年账有，“公记日新中记二十日取会芜足纹银一万两”。日升昌咸丰六年苏州总结账收平会票处有，“日新中四月二十三日收会平足银一百六十两，合宝平银一百六十两零四钱二分”。是日新中在道光二十年左右成立，咸丰末年歇业。其他则不可考了。

广聚兴　侯王宾曾为经理（见人事）。

三和源　上海汇业公所光绪八年碑有三和源，其他不详，哪一帮也不知。

(四)外帮

所谓外帮，指其股东非山西人而言，但外帮所开不多，考证亦难(因散在各地，材料搜集不易)，故为略述。

天顺祥　同治时成立。在云南名同庆丰，对外票虚名天顺祥。

按光绪元年协成乾汉镇乾记总结有，光绪十三年十一月二十五“收天顺祥会去广票足纹银一千八百三十二两”。光绪三十二年日升昌重庆总结账有，“收天顺祥成会足银一万两，合立平一万零二百四十两”。是天顺祥在民国初年歇业。

资本不详。

股东　王兴斋　云南弥勒县人

　　　万伊年　云南晋宁县人

经理不详。

祥和贞　同治时成立。按协成乾光绪元年汉镇乾记总结账载，同治十三年十月十五日“付祥和贞去京票足纹银五千两”。成立不久，歇业。

资本不详，闻未开过账。

股东　彭某　湖南人

云丰泰　同治时成立。按上海汇业公所光绪八年碑有云丰泰。协成乾光绪元年十月十五日汉镇乾记总结账的预付京号有，“付云丰泰会去京票足纹银五千两”。在光绪中年歇业。

资本等不详。

股东　杨玉科　云南人(打太平天国的勇将)

经理　白梦李　平遥县人

源丰润　光绪二十年日升昌梧州总结账的收广会票处有，“收源丰润宁会广番银三千两”。又宣统三年京都会通远记总结账的广号收付票项处有，“二月初一收会源丰润广番银一百八十四两”。

资本不详。

股东　某氏　浙江宁波人

义成谦　光绪二十六年祁县财神庙碑上有，“天津义成谦施银五两”。中兴和宣统元年银钱流水账十二月二十七日有，“义成谦谷取远镜宝银七十两”。

资本十万两，总号设在太原。

阜康　协成乾光绪元年汉镇乾记总结账光绪十四年九月三十日有，“付阜康号会来洋票足纹银一千九百六十两”。

资本不详。

股东　胡庆余　浙江钱塘县人（系左宗棠幕下管理财政者）

胡通裕　亦为胡庆余开。胡通裕下加有“雪记”二字。左宗棠死，胡庆余即将票号盘售他人。

恒济　总号设在北平，由钱庄改（据《山西票庄考略》）。

隆乾长　总号设在上海。

新丰厚　总号设在南昌。

蔚成亨　总号设在迪化。

三 组 织

山西票庄为中国旧日经济机关，其组织有一部分与旧商号相同，有一部分为其特殊的组织，兹列于下。

(一)成立

山西票庄有由旧日的商号已兼做汇兑业，后因其业务发达，将票庄划出的。有用资本从新创新的，在创立时，由东家出资聘请经理，在开设时，由东伙商议，大体规定后，邀请中正人三五位，书立合同，合同上写明资本若干两，每若干两作一股(原名为一分或一俸，分下有毫厘)。几年合算大账一次(光绪初年以前都为五年，光绪末年都改为四年，现在大德通改为三年)，经理人等顶"人力股"若干(经理普通为一分，顶一分二三厘者是例外的少数)，并议定号规(见后)，书写万金账(资本账)等。内部组织完成，向户部领取部帖(后名执照)。先由票庄同业联保，后由京师商会总会转请户部，认为合格，即为批准。兹将太谷志成信、平遥天成亨的合同及宣统元年度支部发给天成亨营业执照列下。

股东的合同(股票)

1. 志成信记合约

按太谷县志成信记于同治十二年由绸缎庄内将票庄划出，从新订立合约，各执一份，共计一十二份。此系第九号，今照录如下：

立合同负仑，同管事伙友孔宪仁、马应彪等，情因志成信生意开设，历年已久，号体屡露，参差不齐，今东伙合同议定明白，业已复行振作。从此原日旧东，有减退增加，另有新添东家，有人本账，逐一可考。字号仍系志成信，设立太谷城内西街，以发卖苏州丝经杂货为生涯，共计正东名下本银三万四千两，按每二千两，作为股银一俸，统共计银股十七俸，众伙身股，另列于后。自立之后，务要同心协力，以追管晏圣明之遗风，矢公矢正，而垂永远无弊之事业。日后蒙天赐，按人银俸股均分，倘有不公不法，积私肥己者，逐出号外。照此一样，立写二十二张，众东各执一张，铺中公存一张，以为永远存证。恐口难凭，立合同为证。

兹将人银俸股开列于后，计开：

员汝楫宅入本银一千两，作为银股五厘

要汝霖宅入本银四千两，作为银股二俸

曹福善堂入本银二千两，作为银股一俸

员荣善堂入本银一千两，作为银股五厘

员纯复堂入本银一千两，作为银股五厘

员保和堂入本银一千两，作为银股五厘

员聚义堂入本银一千两，作为银股五厘

曹敦古堂入本银二千两，作为银股一俸

孙义生堂入本银二千两，作为银股一俸

吕福庆堂入本银三千两，作为银股一俸五厘

吕荣寿堂入本银二千两，作为银股一俸

张善一堂入本银二千两，作为银股一俸

武树德堂入本银一千两，作为银股五厘

高同善堂入本银二千两，作为银股一俸

马锡福堂入本银二千两,作为银股一俸

孔行素堂入本银一千两,作为银股五厘

孔经手维贞堂入本银二千两,作为银股一俸

王忠恕堂入本银一千两,作为银股五厘

苏积善堂入本银一千两,作为银股五厘

张时中堂入本银一千两,作为银股五厘

苗春田堂入本银一千两,作为银股五厘

贠尚备公顶身股一俸

贠仑顶身股五厘

孔宪仁顶身股一俸

马应彪顶身股一俸

苏溶顶身股一俸

武步蛟顶身股五厘

师国桢顶身股六厘

张玉琴顶身股四厘

同治十二年正月初一日　　　　谷邑志成信公

第九号

2. 天成亨记合约

(按)平遥县天成亨记于清光绪九年正月改组,新旧股东凡九家,同有合约同样九份,今得其二:一系第四册,系刘从俭堂所执;一系第五册,系张德堂所执。内容均同。今照录第四册如下。

立合伙约人东伙等,于咸丰十年新正吉日重新作立。

天成亨记放账生理,将旧号之俸,归并入于新号,共作银股十俸。至今清算大账,今已六次。东君俸银,又复不同。旧号东君,已有合约为凭。今另与新号东君各立合约，议定以每足纹银五千两作为一俸，每俸随护本足纹银二千两。所有旧号以及新号堂名，入本银数，记载于后。至于人力，每俸亦随护身足纹银六百两。所有人俸以及空俸，因多寡不齐，均详载于入本老账。自立之后，务宜协力同心，蒙天获利，按银人股均分。立此合约，一样九本。新号之东，各执一本，以为永据。计开：

旧号入	本足纹银五万两 护本足纹银二万两	作银股十俸
侯报本堂入	本足纹银三千两 护本足纹银一千二百两	作银股六厘
侯德徽堂入	本足纹银一千两 护本足纹银四百两	作银股二厘
侯长善堂入	本足纹银一千五百两 护本足纹银六百两	作银股三厘
刘从俭堂入	本足纹银一千两 护本足纹银四百两	作银股二厘
张天德堂入	本足纹银五千两 护本足纹银二千两	作银股一俸
李养颐堂入	本足纹银二千五百两 护本足纹银一千两	作银股五厘
侯积厚堂入	本足纹银五千两 护本足纹银二千两	作银股一俸
武秉乾堂入	本足纹银一千两 护本足纹银四百两	作银股二厘

又批：共同议定，以后算账，内外账目，要仔细检点，评估妥当，不宜过厚太薄。倘有东家抽本者，照年终算账，按股清楚，不许识外争论，有碍铺事。

谨立此议为照。

经理人　侯王宾

光绪九年正月二十四日　平邑 亨天记成 吉安

度支部发给天成亨之执照

度支部为发给执照事：光绪三十四年正月间，本部厘定各种银行则例，无论官办、商办各种银行，暨票庄、钱庄、银号，凡有银行性质者，均须先行赴部注册等因，奏准咨行在案。兹据京师商务总会票汇兑商会牒称，请在四川省重庆府县地方开设天成亨汇兑庄，遵例声明各节，抄送章程，前来本部核查，奏定银行则例，相答应准开设，为此发给执照，以资信守。该汇兑庄务，须遵照部章，妥慎办理可也。须至执照者。

上照给天成亨重庆府分庄收执。

宣统元年十二月十九日发给

按此照上有"度支部照"四大字，年、月、日后，有一大"部"字，"部"字下有一墨笔草书之"行"字。

（二）资本

票号的资本，有为独资的，有为合资的，但都负无限责任。

票号的资本，原来都是很少的，例如志成信为三万四千两，协同庆为三万六千两，大德通为十万两。这是：①票号大多数由别的商号改设，别的商号资本已厚，而且开设有年，在社会上信用大著；或系初创，而东家尚有其他的若干商号在设立着。票庄如遇周转不灵时，可向连号借款（参考后大德通光绪十年号规）。②票号信用既著，多吸收存户存款，存户多不提取现款，取其会票。会票小额无记名的，可以在市面通行，等于纸币。③票号有获本、倍本之事，如天成亨原本为七万两，获本为二万八千两(见前天成亨合同),大德通的资本,在光绪十年改组时,原本十万两(在中堂六万两,保和堂七千五百两,保之堂七千五百两,既翕堂一万二千五百两,九德堂一万二千五百两)。其历年倍本如下:

(1)光绪十年,原资本十万两。

(2)光绪十八年,每股倍本一千五百两,共倍本三万两,合计为十三万两。

(3)光绪二十二年,每股倍本五百两,共倍本一万两,合计为十四万两。

(4)光绪二十六年,每股倍本一千两,共倍本二万两,合计为十六万两。

(5)光绪三十年,每股倍本一千两,共倍本二万两,合计为十八万两。

(6)光绪三十四年,每股倍本二千两,共倍本四万两,合计为二十二万两。

又人力股有公积金,如光绪三十四年,众人力股共存公积金为二万三千六百五十两,大德通原本为十万两,到了光绪三十四年,成了十五万两。

又如东家在应获得的红利,大部分都存在票号内,以大德通而言,由光绪十四年至民国十八年, 各东家所获的利为七十五万七百零一两,在万金账上常有“除倍过净余××两,拨存未支账”,是大德通至民国十八年改组时,资本共计一百万两(但民国十一年时,股东借款二十六万八千五百九十两,实际上资本当无一百万两)。改组后为乔在中堂独资,改为大洋五十万元,分为十股。

(三)人员

票号的总号设总理一人(俗名大掌柜),协理一人(俗名二掌柜),内事一人(俗名三掌柜,掌管内务),会计数人,文牍数人,外事数人(管理上街及兜揽生意),庶务一人(杂办),练习生若干人。

分号设老帮一人(经理),协帮一人(副经理),会计文牍出纳营业,视事的繁简,设一人或数人。

票号收练习生,以为培养人才的根基。欲为练习生,先托人向票号说项,票号先向保荐人询练习生的三代做何事业,再询其本人的履历。认为可试,再分口试与笔试两种。如属合格,择日进号,名为"请进"。不过这种练习生的考试,没有一定的日期与数额,视其需要而定。练习生有保荐人而无押金,将来如有舞弊情事,由当日保荐人赔偿损失。

练习生由总号年资深者训育。训育的科目,在技术方面为打算盘,习字,背诵平码,抄录信稿,练习写信及记账等。在道德方面,为重信用,除虚伪,节情欲,敦品行,贵忠诚,鄙利己,奉博爱,薄嫉恨,喜辛苦,戒奢华等。

练习成熟,再测验其做事能力与道德。如远则易欺,远使以观其志;近则易狎,近使以观其敬;烦则难理,烦使其观其能;卒则难辨,卒问以观其智;急则易爽,急期以观其信;财则易贪,委财以观其仁;危则易变,告危以观其节;久则易情,班期二年而观其则;杂处易淫,派往繁华而观其色。

如测验其人确实可用,然后由总号分派各分号任事。

分号职员均由总号委用,仆役由分号雇佣,分号无练习生。

职员以循规蹈矩,勤于事务,心地清楚;总号由总理及协理考核,分号由老帮考核,于每年终报告总号保荐。职员任用,回避亲戚,不避同乡(参考号规各条)。

(四)待遇

东家除按股分得红利外,别无所得,而且负的是无限责任,若经理等顶人力股的,如到大账期(从前都为五年,光绪末年,都改为四年,现在大德通改为三年),有红利则分红,无红利分时则有应支;如票号赔账,经理不负赔偿责任;又经理顶人力股的有公积金,积年累月,所余甚丰,死后又有协账。这是山西票号待遇甚厚,经理人等视票号如己事,莫不尽力经营。

未"吃股"(或各项生意顶股份)的伙友,按年给薪,练习生(学徒)都自二两或四两起,至十二两或十四两止。若升为职员,则自二三十两至七八十两。到了百两或百两以上,就有顶人力股的资格,初顶人力有自一厘起,渐加至一厘五毫,二厘,以至一分。在一分以上,有一分二三厘者,是例外的少数(大德通经理高钰,算是领本,于光绪十年初设立时有三厘,十四年、十八年各加一厘,二十六年加三厘——参考后万金顶高钰名下)。

应支,因职员等不管到了大账期能否开得起账,分到红利否,每年要应支银若干两。依大德通光绪十年所立的号规,一分者一百二十两,九厘者一百十两,八厘者一百两,七厘者九十两,六厘者八十两,四五厘者七十两,三厘者六十两,二厘者五十两,分为春冬两标支使(参考后规条)。若至大账期,已分得红利,则将应支的数目(已支过的)在红利内扣除。

协账,是于经理死后,则协一账至三账不等。若经理特别有功,尚可多协一二账。协账即是经理死了,每逢大账期,已死的经理,仍然按照生前股份分红,名为"故股"。参考后红利分配。

总、分号除供给住食外,分号人员,每月有衣资费。大德通于光绪十年,规定月为二两,副班一两,初学生意五年以内者为五钱,五年以外者照副班。

在分号路远者，如东三省、蒙古、新疆等，每五年回家一次，名为“下班”，在家居一年。后改为三年。现在平、津、上海等地，因交通便利，每两年回家一次，在太原及祁县者每年给予假期两个月，即分号上下班的路费，均归号中。下班时先要到总号“将己身随带衣物，录一花折开明支使银两，随身如数结束”（见后号规）。

股东退股或经理出号，亦有规定。参考后账簿中的万金账。

（五）红利分配

红利分配，在前待遇中已约略说过，兹将大德通的初、中、近三期大账分红账录下。

1. 光绪十五年

五年共获余利足平宝银二万四千七百二十三两零三分

共银股二十九分七厘，每股以八百五十两开

乔宅在中堂银股一十二分，应分得余利宝银一万零二百两

乔宅保和堂银股一分五，应分得余利宝银一千二百七十五两

秦宅既翕堂银股二分五，应分得余利宝银二千一百二十五两

乔宅保元堂银股一分五，应分得余利宝银一千二百七十五两

秦宅九德堂银股二分五，应分得余利宝银二千一百二十五两

培德马己人力一分，应分得余利宝银八百五十两

翰辉李己人力一分，应分得余利宝银八百五十两

鸿图中己人力七厘（十一年正月至十三年终），应分得余利宝银六百二十九两一钱七分

聚瑞郭己人力六厘，应分得余利宝银五百一十两

映耀罗己人力六厘，应分得余利宝银五百一十两

师兴郭己人力五厘，应分得余利宝银四百二十五两

振铎王己人力五厘（十三年正月至年终），应分得余利宝银一百七十二两二钱一分

瀛海张己人力四厘，应分得余利宝银三百四十两

廷全许己人力四厘（十三年正月至年终），应分得余利宝银一百三十七两七钱七分）

郝荃己人力三厘，应分得余利宝银二百五十五两

锦章史己人力三厘，应分得余利宝银二百五十五两

高钰己人力三厘，应分得余利宝银二百五十五两

应升刘己人力三厘，应分得余利宝银二百五十五两

焕楷高己人力三厘，应分得余利宝银二百五十五两

永和吕己人力二厘，应分得余利宝银一百七十两

郭明王己人力二厘，应分得余利宝银一百七十两

嵩年冯己人力二厘，应分得余利宝银一百七十两

范涛己人力二厘，应分得余利宝银一百七十两

廷柱许己人力二厘，应分得余利宝银一百七十两

调元赵己人力二厘（十三年正月至年终），应分得余利宝银六十八两八钱八分

计开放股：

振基梁己人力六厘，应分得余利宝银五百一十两

迪功温己人力四厘，应分得余利宝银三百四十两

溯会阎己人力三厘，应分得余利宝银二百五十五两

（按两个字的人名，则先姓后名，例如范涛；若为三个字的名字，则先名后姓，例如调元赵己。赵调元己，己是经理自己之称，故号中人多

称某己，外人多称某掌柜。）

2. 光绪三十四年

四年共获余利足平宝银七十四万三千五百四十五两二钱五分（撇备酒席银六百六十五两二钱五分）。

共银入股四十三分九厘五毫，每股应开余利银一万七千两，内有嘉桓己前后二年四二厘，每股以八千四六百两开支，忠懋王佩己三十一二年新顶人力三一厘五，每股以一万二千七百两八千六百两开支。

乔宅在中堂银股一十二分，应分得余利宝银二十万零四千两（每股倍本公存二一千两，共倍存银二一万四二千两），即每股本二千两，共倍银三千五百两。每股公存一千两，共存银一千五百两。

乔宅保和堂银股一分五，应分利余利宝银二万五千五百两（每股倍本公存二一千两，共倍存银三千五百两），即每股本二千两，共倍银三千五百两。每股公存一千两，共存银一千五百两。

乔宅保元银银股一分五，应分得余利宝银二万五千五两（每股倍本公存二一千两，共倍存银三一千五百两），即每股本二千两，共倍银三千五百两。每股公存一千两，共存银一千五百两。

秦宅既翕堂银股二分五，应分得余利宝银四万二千五百两（每股倍本公存二一千两，共倍存银五二千五百两），即每股本二千两，共倍银三千五百两。每股公存一千两，共存银一千五百两。

秦宅九德堂银股二分五，应分得余利宝银四万二千五百两（每股倍本公存二一千两，共倍存银五二千五百两），即每股本二千两，共倍银三千五百两。每股公存一千两，共存银一千五百两。

高钰己人力一分，应分得余利宝银一万七千两。

应公存银一千两。

永和吕已人力一分,应分得余利宝银一万七千两。

应公存银一千两。

郝荃已人力一分,应分得余利宝银一万七千两。

应公存银一千两。

志纯余人力九厘,应分得余利宝银一万五千三百两。

应公存银九百两。

宗禹王已人力八厘五,应分得余利宝银一万四千四百五十两。

应公存银八百五十两。

振铎王已人力七厘,应分得余利宝银一万一千九百两。

应公存银七百两。

源绍渠已人力六厘五,应分得余利宝银一万一千零五十两。

应公存银六百五十两。

赵儒已人力六五,应分得余利宝银一万一千零五十两。

应公存银六百五十两。

钦元范已人力六厘五,应分得余利宝银一万一千零五十两。

应公存银六百五十两。

本厚程已人力六厘,应分得余利宝银一万零二百两。

应公存银六百两。

瑞麟武已人力五厘,应分得余利宝银八千五百两。

应公存银五百两。

云堂李已人力五厘,应分得余利宝银八千五百两。

应公存银五百两。

宗璜渠已人力五厘,应分得余利宝银八千五百两。

应公存银五百两。

兆兰孟已人力五厘,应得分余利宝银八千五百两。

应公存银五百两。

云汉高已人力五厘,应分得余利宝银八千五百两。

应公存银五百两。

广峻乔已人力五厘,应分得余利宝银八千五百两。

应公存银五百两。

守信吕已人力四厘五,应分得余利宝银八千五百两。

应公存银四百五十两。

永楷郝已人力四厘五,应分得余利宝银七千六百五七两。

应公存银四百五十两。

详元赵已人力四厘五,应分得余利宝银七千六百两。

应公存银四百五十两。

史明已人力四厘五,应得分余利宝银七千六百两。

应公存银四百五十两。

国泰王已人力四厘五,应分得余利宝银七千六百五十两。

应公存银四百五十两。

玉堂杨已人力四厘,应分得余利宝银六千八百两。

应公存银四百两。

墉辉何已人力四厘,应分得余利宝银六千八百两。

应公存银四百两。

大经符已人力四厘,应分得余利宝银六千八百两。

应公存银四百两。

述明张已人力四厘,应分得余利宝银六千八百两。

应公存银四百两。

嘉恒李已人力前后二年按四二厘,应分得余利宝银五千零八十两。

应公存银二百两。

堃士武已人力三厘,应分得余利宝银五千一百两。

应公存银三百两。

致和韩已人力三厘,应分得余利宝银五千一百两。

应公存银三百两。

怀珍段已人力三厘,应分得余利宝银五千一百两。

应公存银三百两。

景章韩已人力三厘,应分得余利宝银五千一百两。

应公存银三百两。

武镜已人力三厘,应分得余利宝银五千一百两。

应公存银三百两。

云照高已人力三厘,应分得余利宝银五千一百两。

应公存银三百两。

献玺贺已人力三厘,应分得余利宝银五千一百两。

应公存银三百两。

志渊张已人力三厘,应分得余利宝银五千一百两。

应公存银三百两。

道峻渠已人力三厘,应分得余利宝银五千一百两。

应公存银三百两。

汶清马已人力三厘,应分得余利宝银五千一百两。

应公存银三百两。

梁濠已人力三厘,应分得余利宝银五千一百两。

应公存银三百两。

培梓袁已人力三厘,应分得余利宝银五千一百两。

应公存银三百两。

本澄渠已人力三厘,应分得余利宝银五千一百两。

应公存银三百两。

忠懋李已人力三厘,应分得余利宝银五千一百两。

应公存银三百两。

光远高已人力二厘，应分得余利宝银三千四百两。

应公存银三百两。

维统周已人力二厘，应分得余利宝银三千四百两。

应公存银三百两。

秀拚岳已人力二厘，应分得余利宝银三千四百两。

应公存银二百两。

芳春李已人力二厘，应分得余利宝银三千四百两。

应公存银二百两。

宜三陈已人力一厘五，应分得余利宝银二千五百五十两。

应公存银三百两。

天锡权已人力一厘五，应分得余利宝银二千五百五十两。

应公存银一百五十两。

映漳李已人力一厘五，应分得余利宝银二千五百五十两。

应公存银一百五十两。

荣缓刘已人力一厘五，应分得余利宝银二千五百五十两。

应公存银一百五十两。

其汉宋已人力一厘五，应分得余利宝银二千五百五十两。

应公存银一百五十两。

迁安李已人力一厘五，应分得余利宝银二千五百五十两。

应公存银一百五十两。

生莹范已人力一厘五，应分得余利宝银二千五百五十两。

应公存银一百五十两。

王佩已人力一厘五，应分得二年余余利宝银二千五百五十两。

应公存银一百五十两。

计开故股：

廷桂许已人力九厘五，应分得余利宝银一万五千三百两。

应公存银九百两。

朝瑸韩己人力七厘，应分得余利宝银一万一千九百两。

应公存银七百两。

高璞己人力四厘五，应分得余利宝银七千六百五十两。

应公存银四百五十两。

兆鸿何己人力三厘，应分得余利宝银五千一百两。

通垣陈己人力一厘五，应分得余利宝银二千五百五十两。

应公存银一百五十两。

3. 民国十四年

四年共获余利足平宝银一十二万七千五百七十八两零七分。

四年连上账留存共长足平宝银三十万零四百一十二两一钱四分。

本年冬赈提存备荒足平地银三万七千两。

内有 儒彬己 / 宗沅己 前三年 三 厘 / 一厘五 每股以六千两，后一年以二厘 五 / 五 毫每股以二千两开支汝楫己 四 / □ 一年新顶人力，

厘每股以六千两开支

共 银 / 人 股三十二俸八厘，每股应开余利银八千两。

乔宅在中堂银股十二分，应分得余利宝银九万六千两。

乔宅保和堂银股一分五，应分得余利宝银一万二千两。

乔宅保元堂银股一分五，应分得余利宝银一万二千两。

秦宅九德堂银股二分五，应分得余利宝银二万二千两。

宗禹王己人力一分，应分得余利宝银八千两。

云汉高已人力一分,应分得余利宝银八千两。

郝荃已人力一分,应分得余利宝银八千两。

梁濠已人力七厘五,应分得余利宝银六千六百两。

献玺贺已人力七厘,应分得余利宝银五千六百两。

云昭高已人力七厘,应分得余利宝银五千六百两。

庆祥孔已人力六厘,应分得余利宝银四千八百两。

崇午张已人力六厘,应分得余利宝银四千八百两。

汝楫徐已人力四厘,应分得三年余利宝银二千四百两。

肯构张已人力三厘五,应分得余利宝银二千八百两。

国榴杨已人力三厘五,应分得余利宝银二千八百两。

鸿奎戴已人力三厘五,应分得余利宝银二千八百两。

九成李已人力三厘五,应分得余利宝银二千八百两。

振岐申已人力三厘五,应分得余利宝银二千八百两。

学英胡已人力三厘,应分得余利宝银二千四百两。

畏三武已人力三厘,应分得余利宝银二千四百两。

焕章郝已人力三厘,应分得余利宝银二千四百两。

儒彬宋已前三后一年三二厘五,应分得余利宝银二千三百两。

任晰已人力二厘五,应分得余利宝银二千两。

瑞川段已人力二厘五,应分得余利宝银二千两。

燕喜已人力二厘五,应分得余利宝银二千两。

封国侯已人力二厘五,应分得余利宝银二千两。

中才武已人力二厘五,应分得余利宝银二千两。

清灏殷已人力二厘,应分得余利宝银一千六百两。

成璪王已人力一厘五,应分得余利宝银一千二百两。

宗沅李已人力前三后一年按一厘五毫,应分得余利宝银一千两。

恒保范已人力一厘,应分利余利宝银八百两。

悦发罗己人力一厘，应分利余利宝银八百两。

如山王己人力一厘，应分利余利宝银八百两。

毓翰阎己人力一厘，应分利余利宝银八百两。

贻祥程己人力一厘，应分利余利宝银八百两。

宜汉刘己人力一厘，应分利余利宝银八百两。

荫宣高己人力一厘，应分利余利宝银八百两。

荣申梁己人力一厘，应分利余利宝银八百两。

振家阎己人力一厘，应分利余利宝银八百两。

敬圣阎己人力一厘，应分利余利宝银八百两。

凤山赵己人力一厘，应分利余利宝银八百两。

许宽己人力一厘，应分利余利宝银八百两。

计开放股：

高钰己人力一分，应分得余利宝银八千两。

调元赵己人力七厘五，应分得余利宝银六千两。

其汉乐己人力六厘，应分得余利宝银四千八百两。

书翰张己人力三厘五，应分得余利宝银二千八百两。

苗秀己人力一厘五，应分得余利宝银一千二百两。

（六）分号的设立

山西票号分号之设立，有因各大商埠必须设立者，如平、津、沪、汉等。有因自己营业范围而设立者，如志成信、协成信、协成乾在广东，大盛川、锦生润在蒙古。有因择垫官吏（注），随至官吏任所收账，因而设立者。

设立的手续，由总号选择干员，携带图章砝码，并路费及开办费若干前往，不必携往大宗资本。因系汇兑，与自己的各分或而其他的票号往来拨兑，比至标期，如缺少现款，再由附近分号从标局运现接济。

分号对于总号，时有信件，报告营业状况及当地行市，平时用平信，急时用专信，电报通了则用电报。同时并将营业情形及行市向各分号互报，以便互通消息。又如甲分号有余款，视乙、丙分号之缓急，分送各地，以便周转。甲分号应付得法，得利为多，因为甲分号之功，但得到红利，均送总号，在总号总结下分红利，是以各分号多互相救济。

总号与分号之关系，除规定于号规外，而以总号与分号往来的请示各信件中可以看出，应参考业务的往来信件。

注：择垫是奔走于政界中人物，择其体态、履历、程度、交际等，估计其将来可以得到位置，于是先行垫款运动。待其挂牌，乃派人随至任所，作为会计，按日扣除垫款，至扣完为止。垫款固然利息大，但也有白垫了的。《官场现形记》中有一段关于此事的记载，票号中人有以其言之过甚，但道光二十三年茂源捐簿上，已列有此款数十宗可证也。

（七）账簿

票号账簿大致分为流水账、老账、现金账、浮记账四种。兹将各账性质分述如下。

（1）流水账：各项交易，均须于此账内先加分录，然后过入老账，故可称各种账目之原始账，如同银行簿记之日记账。而账内抬头之下分上、下两方，上方记载收入，下方记载付出。

（2）老账：依流水账各个抬头，分别记载之账簿，该账包含全部财产变动之综合。故据之可知财产状态及营业损益。此账名称虽多，要亦不外入出老账与收取老账两种：入出老账专载营业上之损益，即银行之损益部分；收取老账，系表示营业上对内对外之一切资产与负债，收即银行之负债部分，取即银行之资产部分。是以出入老账合计之余额，即等于收取老账之余额。如要清抄，入即新收，出即开除，而收取即是实在也，其余额即银行之纯益金。

(3)现金账：为核计库存而设，故凡逐日出入现款，必须登记此账。其收付合计之余额，即本日库存之数。

(4)浮记账：为省时间而设，因当年票号极盛时代，逐日交易，事务过繁，如往来存款一种，特别增多，若逐宗记之流水，再由流水抄入老账，实非二三司账员所能胜任；于是为增加工作效率计，乃设此账，将往来存款暨同仁(即同行)暂记等项，不过流水，径登此账，待日终结算时，只用将收取两方之合计数，一笔移转于流水账。即浮记账共收取若干，乃如结出确数，而结算时浮记账余额系老账之一项目，须列入实在内。

但上述类中，又可分为若干种，兹依大德通所用账簿，分类列表于下：

流水账{银流水宝账
钱流水宝账

老账——万金账、钱来往宝账、银来往宝账、各铺来往账、外该借贷账、收借贷账、各路存户汇项账、汇银宝账、收出满加账、出入平色宝账、收贴费现利捐项银账、未到期票项宝账、外庄入本账、应支账、辛金衣资账、杂使宝账

现金账——现金宝账

浮记账——浮银宝账

(票号旧账簿作者搜集甚多，兹从略。)

(八)各路平码及会票

1. 平码

在未废两改元之前,各地货币,均用银两。但各地所用的银色不同,平的大小亦异,欲汇款至某处,应先知其地所用何色银两,其平比此地大或小若干。是以票号中的学徒,抄录各路平码周行银色于很小的一个底折,以便诵记而资应用。兹将山西祁县大德恒在各路平码周行银色底折抄录于下:

大德恒记各路平码周行银色底折

目录

(1)周行银色歌

(2)各埠周行银色及市况纪要

(3)各色银两折算表

(4)平码歌

(5)各路平码合申公砝规银底

(6)英金镑周行法

(7)会票暗号码

(8)会票凭信程式

(1)周行银色歌

天津"化宝"松江京,　　"纹银"出在广朝城,

上洋"豆规"诚别致,　　"公估纹银"西安行,

票色重贵"足纹原",　　云南"票锭"莫忘情,

"川白锭"出成都省　　"荆沙老银"沙市倾,

"二四估宝"属汉武,　　桂梧"化银"记分明,

“当纹”周在湘潭县，　　长沙“用项”银出名，

常德“市纹银”为主，　　金陵“项化”是足色，

粗俗不堪入目视，　　诚恐难记随口诵。

(2)各埠周行银色及市况纪要

京都　寓崇文门外巾帽胡同

周行以“足纹银”“松江银”为主。足纹银是足色，松江银是九八色。二宗平素错色十四两五钱至二十两不等。又有宗“马店见松江银”，比纹银每十伸色三十两。借贷利随本到，实利不扣。期口正、二、三月疲，四月至五月半快，五月至七月半疲，七月至八月半快，八月至九月底平和，十、冬、腊月半快，至年底疲。钱数合法：京市平松江五十三两为一炮，合京公砝松江银五十二两六钱五分，或折多少抛除，再按市价归开，用四称起，尽数除讫，再按二称起，尽数加上，再按五十三两归开，则知每两换钱多少，比各市价七分五厘，折去八钱，将八钱在五十二两六钱五分内抛除，净胜五十一两八钱五分，再按七分五厘归开，即是市钱六百九十一千四二八。按四称起，应抛钱二七六六千，净胜满钱六百八十八千六六二。再按二称起，应加底钱十三千七七八。将二称起之底，再按二称起，应加底钱二百七十五千。总共合九八钱七百零二千七一，即是每炮应换之数。按五十三两归开，即知每换钱多寡，京钱一吊，顶祁钱一百文。

京公砝	二两七钱	二两二钱	
京市平		三两三钱	二两八钱
	每百两小	祁结小	
京二两平		五两三钱	四两八钱
京二七平	五两四钱	四两九钱	

天津　寓针市街汇丰公司内

周市以“化宝银”为主，九九二色，又有宗“白宝”是足色，平素与化

宝错色十五两六钱至二十两不等，借贷期口，皆与京同。津钱一吊，顶祁钱五百文。

京公砝　三两九钱八分　二两四钱八分

西公砝　三两零四分　二两四钱六分

议公砝　三两三钱　二两五钱八分

老钱平　每百两小　二两五钱四分　祁结　一两九钱六分

老行平　二两四钱八分　一两九钱五分

新行平　二两四钱二分　一两八钱四分

津粮平　一两六钱　九钱八分

上洋　寓英租界宁波路源记栈内

周行以“豆规银”为主。又有宗“公估二七五宝”每锭伸色二两七钱五分，其二十锭是一千零五十五两，以九八伸规银一千零七十六两五钱五分，曹平宝银一千两合曹平规银九百二十八两九钱。豆规银有名无银，同帮以申公砝规银一千两，顶申公砝定银九百三十一两五钱。如上洋收一千两规银，以九三一五扣为纹银。至苏州交曹平关批票纹银，九二六上下。申地又有宗“轧息”一天每千两可得利五分六厘至一钱二分不等。

申公砝　一两二钱二分　六钱一分

每百两小　祁结

豆规平　九钱六分　三钱四分

汉口　寓英租界三马路汉润里内

周行以“估宝银”为主，九九二色。又有宗“二八估宝银”每千伸色八两。又有“洋例银”九八色，“它纹银”九八七色。此地期口疲快；正、四、八、九月平和，二、三、十、冬、腊月快，五、六、七月疲。惟春季茶帮用银，皆是足纹银。借贷与京同。

汉估平　三两八钱　二两二钱五分

汉钱平　二两九钱　二两二钱五分

汉漕平　　　　每百两小　　一两五钱四分　祁结　九钱二分

汉参平　　　　　　　　　　一两六钱四分　　一两四钱六分

汉九八平　　　　　　　　　三两四钱

安东　寓中富街福升德内

周行以“镇漕宝银”为生，名为九九二色，实则不过八五六之谱，各路凡作彼地交项票据，可写周行宝银。期口：春秋两季露快，其余平常矣。

镇平　每百两小一两五钱四分　祁结　九钱二分

太谷　寓溥晋银号内

周行以“镜宝银”为主，出放借贷，如到期原转，系以一满算利，如是收还，是以首尾去一天算利，短期亦然。如十天以外有零日，大小令均按大经算，十天以内按小经算。付利迟至下一标前一月，以九八扣付，利是纹银，每百两以二两去色。满加利，亦是纹银，不扣，利随本到，每百两仍按二两去色。

谷公平　每百两小两八钱六分　祁结　一两二钱五分

祁县

周行以“镜宝银”为主。借贷规格，如系原转，以一满算利如是交还，即首尾去一天算；假如交还之日，与原转借之日一样，亦去一天；如遇闰月长期贷以一三归之外，有零日以一一归之；迟一标付利。以九七扣为纹银；如若现付以九五扣，亦有按九三四扣者不等。按照现时满加大小而论，满加，纹银不扣，利随本到。凡付利纹银，每百均以一七去色；付货纹银，以二四，或二六扣者不等，唯付茶银以二两去色时多。

祁公平　六钱二分

每百两大

祁库平　九钱八分

平遥　寓厚德亨内

周行以“无色宝银”为主。借贷不论还转以及长短期，均按账上所注之日实算付利，不扣，系实利纹银，每百两以一六去色，即扣为无色宝银。

平市平　每百两小二两四钱

省城　寓活牛市街德逢亨内

周行以“足宝银”为主，省钱一吊，顶祁钱八百文。

省市平沈库平红封平大宝平每百两大九钱一钱八钱八分一钱六分八厘

街市平　每百两小　一钱

广东

周行以錾碎洋钱名曰“番银”为主，三库以纹银为主。沈库纹银番银，每千两伸水九十八两九钱；运库纹银伸九十二两三钱；海关库纹伸一百一十余两，其伸水随时涨落。又有宗“光洋”换番银每千元可水二十元上下。如遇写票时，务必在票上注明“九九几司马平”，勿写洋钱几元字样。至收交票项，收四川交上海为一大宗，其余收项甚稀，收交上海，俱是九九八平，作会申票，务必托银店经手，在香港买洋票每千元出价一十几元。八九元亦有，贴水之时不等。各作会生意，比如粤交洋钱一千元，即是番银七百二十两，洋票价几元，加在七百二十两之内。如洋票得水几元，即在七百二十两内除讫，再按九九八平，加之恒记砝平。今日行市七一七五，即是申收规银七百十七两五钱。按九二〇一三七扣为恒记砝平足银，将粤交之数，按申收之数归开，即知行市大小。期口疲快：正二月利息一厘四，三、四、五月二厘一，六、七、八月三厘四，其余六七厘不等。

九九七司马平	一两零二分	一两七钱
九九八司马平	一两一钱一分	一两八钱

九九五司马平		一两五钱
老司马平	每百两大	二两　祁结
番平		二两一钱
沈库平		一两六钱
运库平		一两七钱四分

济南

周行以“足宝银”为主。期口:腊月至三、四月疲,四月至十冬快。

济市平　每百两小七钱四分

营口

周行银行与沈一样,又有宗“现抗银”。此地现银亦缺,又有“过炉银”,平素过炉换现银,加色十两至二十两不等。借贷期口,皆与沈同。营平每百两小二两六钱,祁结二两一钱。

沈阳

周行“锦宝银”为主,惟现银缺乏以拨兑为是。若用现银,每两加沈利钱八九十文至数百文不等。沈钱一千顶祁钱一百六十四文。贷借:长年利九八扣活论,短期利不扣,利随本到。出贷一千零七十两,顶一千两,得利,其七十两即是尾银。期口:三月大疲,六月大快,九月快,腊月疲快不等。

沈厂平		三两四钱二分		
沈平	每百两小	二两八钱	祁结	二两三钱
孤山平		一两七钱三分		

苏州

周行以“关批票纹银”为主。又有宗“西批票纹银”,比关批票每千次色二两。又有宗“三封银”,其一千两顶关批票九百零三两。期口:二月至五月半快,新丝上市之时,办货者付账,利息又大付,利足纹银九八扣。如迟一月付利者,按一分五厘伸色。期口:七、八、九、十、冬快,其余皆是空月。

苏漕平　　　　　　　八钱六分

苏参平　每百两小　一两七钱

新漕平　　　　　　　六钱二分

沙市

周行以“荆沙银”为主,九八色。又有宗“荆沙现银”,比荆沙银高色二十两。用银:二、三、八、九月,均是旺月,四、十月平和,至五月其余皆是空月。

荆沙平　每百两小　二两六钱四分　祁结　二两零四分

重庆

周行以“票色银”为主,即“川白锭”,以足银使用。此地期口疲快:正、二、三、四、五、八月节前疲,冬月至年底疲。丝帮用银之际,期快,其余期口乃平和,周行借贷与京同。

渝钱平　每百两小　三两三钱　祁结　二两七钱

汴梁

周行以“足宝银”为主,本地会兑亦然,外县有周二八足宝银,二七足宝银不等。此地期口疲快:三、四、五、六月快,七、八、九、十月平和。

汴平	每百两小	一两四钱
汴天平	每百两小	一两一钱
二六汴平	每百两小	一两六钱
周行平	每百两小	一两七钱
周行平	每百两大	一两三钱二分

清化

周行以“足宝银”为主。期口疲快,与汴同。

清平　每百两小　二两零八分　祁结　一两三钱四分

怀庆

周行以“足宝银”为主。

怀平 每百两小 二两零八分

孟县

周行以“足宝银”为主。

孟粮平 每百两小 九钱八分

禹州

周行以“足宝银”为主。

禹会平 每百两大 三钱五分

鲁山

周行以“足宝银”为主。

鲁公砝 每百两小 一钱二分

周口

周行以“足宝银”为主。期口疲快，与汴同。

口南平	每百两小	七钱六分	祁结	小一钱四分
口北平		五钱八分		大二分

周村

周行以“宝银”为主。收交皆归钱铺拨兑，交项通年有百十余万两。京、津、沈、申、营为最收路，其余稀少。村地出产，系丝绵、烧料、织造、绸绣货等。期口疲快：四、五、六月丝绵上市之际快，七、八、九、十月平和，其余皆是空月。

村钱平	每百两	大一两四钱
周会砝	每百两	小一两七钱四分

烟台

周行以“公估白银”为主。原烟地银色，合估九八之谱。如别处运去现银，准得上公估局估好，始能周行。每锭出估会钱三十文，如是，足银每千可估伸色二十来两,成色低者伸十七八两不等。又有宗"白宝银",有名无实。周行收交皆以估银加减,抵付各庄。如有会烟交项,票上注明公估白银为是。收交生意,惟上海一门,别处皆属零星。如济、村、营、口、河,由该各处作会尚可。若从烟会,皆无宗项作会。中会以中公规银一千零四十五两收交,得贴水费在外。烟交烟漕平公估一千两,申收规银一千零四十五两,其内有色二十四两,收者得,交者出。出放借贷,利随本到,实地不扣。期口:正、二、三月平和,四、五、六、七、八月疲,九、十、冬、腊月快,周行银与祁同。

烟漕平　每百两小　一两三钱四分

西安

周行以"足纹银"为主,化会生意,皆归月底比期。

陕议平	每百两	小三两三钱
陕库平		大六钱五分

兰州

周行以"足纹银"为主。名虽足纹,其银甚杂且次。如遇写票,务必注明周"行纹银"。至作会生意,均归月底比期,收交均以规银,收交只有原、川两处,原地为最。交项,津、汉、申三处,皆无大款。作会银两,绸布平时多。惟在川办货者,系用平九七川。

兰布平	每百两小	一两六钱八分
兰钱平		三两六钱八分
川九七平		三两一钱八分
新湘平		三两四钱八分
兰库平	每百两大	七钱二分

三原

周期以"足纹银"为主。收交生意,皆以拨兑。如现银拨兑,贴期,使用原地收项拥广一门布帮汉票。

泾布平　每百两小　七钱二分

东口

周行以“足宝银”为主。出放借贷，长率仍以月子算利，遇闰月不打折，打四标开利。长期满加均以九一扣色，利随本到。期口：四月标率好，七、十月标平和。

口钱平　每百两大　一两二钱　祁结　一两八钱二分

西口

周行银色系“足宝银”为主。每逢正、四、七、十标期，地面皆以兑银为主。若是本标用现，即用点了现，每斤出掉头钱二三十吊不等。如不标不用现，存至标后十天，变为点银，现银才能用现。如不用现，掉出一标，可得掉头钱一百二三十吊不等。二、五、八、冬，三、六、九、腊，名曰“骡期”，地面皆以点银现银过属。若是不存现银，出息借用。此地比期，春夏疲，秋冬快。城钱一吊，顶祁钱二百文，此系混钱。如清钱，即是一百七十文。

城钱平　每百两大　五钱四分　祁结　一两一钱六分

包头

周行“杂宝银”，有点银、现银、拨兑银之分别，点银、现银、拨兑银，每百两差钱二千上下，疲快不等。此地比期：四大标，八常骡。四大标照城地标期前十天，八常骡照城地标后二十天，即是过骡之期。如作彼地生意，多作现银收项，少作现银交项。否则一周银紧，掉期陡涨，不知何所抵制。缘包地办毛货者居多，现银缺乏故也。包钱一吊顶祁钱九百文。

包平　每百吊　大二钱

清江

周行银色以“二六宝银”为主。此地钱庄，以二五宝为主。又有宗老银二七五宝，即是库宝。亦无公估局，钱色。钱庄批，如遇作会浦地交项，订明以二六宝为是。现银缺乏，如千八百金，尚勉兑；若三五千金，必须早一日布置；若再多，即要贴现五六两不等。遇立票时，银数旁用一“会画”二字极小图记，以免吃亏；且恐数多，不能办理。收交生意，均归钱庄，以申地为大宗，逐日镇行市。如在地作会申票，须镇江行市划算。譬如，在镇收镇平二七六至九百二十五两，半交规银一千两，镇平比七点漕平每百两大四两；又浦二六两，镇二七两，其银应伸水二两，浦镇例也。

七点平		一两四钱
浦平	每百两小	二两一钱
镇江平		一两

杭省

周行以“杭锭银”为主，地面现银缺乏，周行一律均以英洋收交。票项甚属稀少，惟交上海，尚属随便，如申收规银一千两，杭交英洋一千三百八十元上下，合计每千贴费数两。行市虽则涨落不定，准之贴费时多，即有得费，亦无几天。利息：正、二、三、四月三四厘，五、六月新丝登市之际，八九厘至一分不一。若洋再紧，五月间三、六、九日，钱折银票。贷款均系洋钱，如存现银，分两不能得息。洋银行市，是以街市平作价。各路如作杭地票项，惟以洋银为主。若现钱银，零星尚可。倘若数重，必须预早信关，将银布置，庶免吃钱庄之亏耳。

街市平　每百两大　一两八钱五分

凤凰

周行银色，与河一样，惟该生意甚为稀疏，收交各处银两，皆到沙河办理耳。

凰市平　每百两小　一两五钱四分

江省

周行以“大翅宝”为主，名为九九二色，实则不过九六七色。期口：通年无甚疲快。江省市面，本属不大，收路如津、京、沈、营、山东、山西、喇嘛庙等处，出路惟有买羌帖、送宽城而已。

江市平　每百两小　二两七钱

锦州

周行以“锦宝”为主。

锦平　每百两小　一两七钱四分

吉林

周行以“大翅宝”为主，五十三两五钱为一锭，九九二色。其实九九之谱，各收交票项，惟营口一门，别处甚稀。凡是营地之票，勿论收交，以采银结局，俟到初一日，才能变现。比如只月初即念间，余有收项，必得浮存，下月初一，才能顶现。惟此规惟营吉之票，别庄收交生意，均归现银。此地有宗“套利”之法，以三、六、九、腊以每月初一为小卯，大卯系三月半要套六月半，将三月半易归再以此钱买六月半之期银，从中所余之利银，即为卯利。小卯、大卯相似，唯期口较大卯近一点。大卯是三个月为一卯，小卯是卯。如我帮欲套者，均归钱铺办事买卖银两，各打用钱五文。冬月快，其余皆平和。吉钱一千，顶祁钱五百文。

厂平　每百两小　三两一钱

宽城

周行以“大翅宝银”为主，五十三两五钱为一锭，九九色。收交生意，惟营口一门尚是，由营作会合宜，若在宽作会。行市错之太大，别庄生意，均属稀少，如各种会宽收交票项，均是现银。若此地用现六十万金，亦尚易办。必得与钱铺出“用钱”，每两一成。如作彼地收交票项，立票书“周行大翅宝”为是。此地又有宗俄国“羌贴”、日本手票，逐日皆有行市，均归是钱。如要作银，必得按钱作换，每元出钱一厘。行市变动甚速，涨落上下，相差五六七成至一百文以外不等。期口：春夏疲，秋令平和,冬令快。宽钱一吊顶祁钱五百文。

宽市平　每百两小　三两三钱四分

凉州

周行以“纹银”为主,银似低次,与兰相似。各庄如遇与队地交款生意,务必注行“周行”二字,以免临时纠葛。收交生意,皆归底月。收款以布帮为巨,交款以土客为巨,洋行皮客次之,其余皆属零星。期口:腊、正月空月,二、三、四月平和,五、六、七、冬月疲,八、九、十月快。

凉文平　　　　三两一钱

　　每百两小

凉行平　　　　三两七钱

保定

周行以“足宝银”为主。

保平　　　　六钱四分

　　每百两小

保市平　　　　二钱四分

忻州

周行以“足宝银”为主。

忻市平　每百两小　七钱八分　祁结一钱六分

宗艾

周行以“足宝银”为主。

艾会平　每百两大　七钱八分　祁结一两四钱

交城

周行以“足宝银”为主。

交市平　每百两小　一两零二分

文水

周行以“足宝银”为主。

交市平　每百两小　一两二钱

长沙

周行以“用项银”为主，又有宗“解项银”，比用项银高色二三两。

长沙平　每百两小　二两八钱

赊镇

周行以“足知银”为主。

赊市平　每百两小　五钱八分

赊钱平　　　　　　　　　　祁结一两八钱四分

老湘平　每百两小　五两三钱

比议平　每百两小　二两

徐沟

周行以“足宝银”为主。

徐市平　每百两小　五钱八分

榆次

周行以“足宝银”为主。

榆市平　每百小　一两一钱二分

扬州

扬州镇江周行均以“二七宝”名。二七宝，系足色，彼地收交票项，唯上海尚可随便，其余甚属稀少，而行市以镇江为标准。彼地使用洋钱，以龙洋、北洋为通行。

扬漕平　　　　　　一百二钱

　　　　每百两小

镇江平　　　　　　九钱六分

黑龙江

周行以“大翅宝银”为主，而将军禁止现银出省，所以现银尚不缺乏。原名九九二色，实则不过九六七色。期口：通年无甚疲快。

江市平　每百两小　二两七钱

彰德

周行以“足宝银”为主。因足银缺乏，刻有宗“九九银”，每千比足银次色十两，名为九九，实则不足九九也。长年生意，除粮帮外，春秋草帽边帮三四十万，秋冬棉帮有汉票五六十万，俱是彰地交项，收项稀少，皆属零星。各庄如在彰德交项，总要订明九九，如要足银，非格外加费不可。彰之收项，勿作九九也。各庄过账，勿论足银，九九皆以足银一律过账。

彰平　每百两小　四钱

(3)各色银两折算表

东口库平	每百大	九钱四分
榆次库平	每百大	一两零五分
福建台新议平	每百小	二两二钱
芦台市平	每百大	二两六钱四分
齐镇平	每百小	九钱五分
广西公砝平	每百小	三两二钱六分
泽州平		一两八钱八分
郑州市平		二钱六分
宁夏钱平		二钱六分
丰镇钱平		九钱六分
张兰市平		一两七钱二分
宋营湘平		三两一钱四分
董营湘平		三两五钱
合两每百小		
湘潭市		三两一钱四分
卜魁平		一两二钱一分

估贴平	五钱四分
庙行平	八钱六分
寿阳平	一两零二分
清源市平	一两一钱二分
介休钱平	一两五钱四分

(4)平码歌

(按)原写本各数目字均用中国码字,兹以排印之便利,改为阿拉伯码字。

恒记砝平加祁公平歌:

62　124　186　248　31　372　434　496　558

上洋豆规合足银歌:

9315　1863　27945　2726　46575　5589　65205　7452　83835

豆规银合恒记砝平歌:

9201357　18402714　27604071　3680538　46006785　55207142　64409499　73610856　82812213

汉估平洋例银合恒记砝平歌:

95256　190512　285768　381024　47628　571536　666992　762048　857304

规银合镇平歌:

93453　186906　280359　373812　467265　560718　654171　747624　841077

规银合谷公平歌:

93756　187512　281268　375024　46878　562536　656292　750048　843804

规银合汉估平洋例银歌:

76596　193192　289788　386384　48298　579576　676172　772768

869364

规银合汉估平歌：

94664 189328 283992 378656 47332 567984 662648 757312 851976

规银合津行平歌：

94354 188708 233062 377416 47177 566124 660478 754832 849186

规银合今公砝歌：

94567 189134 28372 378268 472835 567402 661969 756536 851103

津行平合恒记砝平歌：

248 496 744 992 124 1488 1736 1984 2232

谷公平合恒记砝平歌：

186 372 558 744 93 1116 1302 1480 1674

(5)各路平码合申公砝规银底

申公砝规银合各路平码底：

715 143 2145 286 3575 429 5005 572 6435

恒记砝足银一千两合申公砝规银一〇八七.八两

恒记砝足银九二〇.一三五七两合申公砝规银一千两

申公砝足银一千两合申公砝规银一〇七三.五四两

申公砝规银九三一.五两合申公砝规银一千两

祁公平足银一千两合申公砝规银一〇八〇.〇五两

祁公砝足银九二五.八八两合申公砝规银一千两

京公砝足银一千两合申公砝规银一〇五七.四六两

京公砝足银九四五.六七两合申公砝规银一千两

京市平足银一千两合申公砝规银一〇五〇.九一两

京市平足银九五一.五四两合申公砝规银一千两

京二两足平银一千两合申公砝规银一〇二九两

京二两平九七一.六三两合申公砝规银一千两

津公砝足银一千两合申公砝规银一〇五四.四一两

津公砝足银九四八.四两合申公砝规银一千两

西公砝足银一千两合申公砝规银一〇五三.七五两

西公砝足银九四八.九八两合申公砝规银一千两

老钱平足银一千两合申公砝规银一〇五九.二两

老钱平足银九四四.一二两合申公砝规银一千两

老行平足银一千两合申公砝规银一〇五九.八四两

老行平足银九四三.五一两合申公砝规银一千两

新行平足银一千两合申公砝规银一〇六〇.五两

新平足银九四二.五四两合申公砝规银一千两

汉估平足银一千两合申公砝规银一〇五六.三七两

汉估平足银九四六.六四两会申公砝规银一千两

汉估平洋例银一千两合申公砝规银一〇三五.二三两

汉估平洋例银九六五.九六两合申公砝规银一千两

沈钱平足银一千两合申公砝规银一〇五六.三七两

沈钱平足银九四四.七两合申公砝规银一千两

口钱平足银一千两合申公砝规银一千两

口钱平足银九〇九.二二两合申公砝规银一千两

苏漕平足银一千两合申公砝规银一〇七七.四五两

苏漕平足银九二八.一二两合申公砝规银一千两

荆沙平足银一千两合申公砝规银一〇五八.一一两

荆沙平足银九四五.〇八两合申公砝规银一千两

渝钱平足银一千两合申公砝规银一〇五〇.九三两

渝钱平足银九五一.五四两合审公砝规银一千两

陕议平足银一千两合申公砝规银一〇五〇.九三两

陕议平足银九五一.五四两合申公砝规银一千两

泾布平足银一千两合申公砝规银一〇七八.九七两

泾布平足银九二六.八一两合审公砝规银一千两

济钱平足银一千两合申公砝规银一〇七八.七六两

济钱平足银九二六.九九两合申公砝规银一千两

口南平足银一千两合申公砝规银一〇七八.五四两

口南平足银九二七.一八两合申公砝,规银一千两

口北平足银一千两合申公砝规银一〇八〇.五两

口北平足银九二五.五两合申公砝规银一千两

汴足平银一千两合申公砝规银一〇七一.五八两

汴平银九三三.二两合申公砝规银一千两

清平足银一千两合申砝规一〇六四.一九两

清平足银九三九.六八两合申公砝规银一千两

红封平足银一千两合申公砝规银一〇九六.三七两

红封平足银九一二.二四两合申公砝规银一千两

村钱平足银一千两合申公砝规银一一〇二.〇一两

村钱平足银九〇七.四三两合申公砝规银一千两

镇平足银一千两合申公砝规银一〇七〇.〇六两

镇平足银九三四.五三两合申公砝规银一千两

谷公平足银一千两合申公砝规银一〇六六.五八两

谷公平足银九三七.五六两合申公砝规银一千两

(6)英金镑周行法

外国与我国通商之时,始以英吉利金镑为标准。其法式每一镑作二十先令,一先令作二十个便士,一便士作八个一委。比如上海市价二

先令三便士半易规银一两，将先令共作二十七便士，四个“一二五”共作二七.五便士为法，再将英金一镑改作二四〇便士为宝。按二七.五将二四〇归开，即知每镑合规银八两七钱二分七厘二毫七丝。英镑每镑约合华权衡重二钱一分之谱，再以二二将八七二七二七归开，即是标金一两，换规银三十九两六钱四分之价也。

(7)会票暗号码

万=国　千=宝　百=流　两=通

壹=赵　贰=氏　叁=连　肆=城　伍=璧　陆=由　柒=来　捌=天　玖=下　拾=传

(8)会票凭信程式

立写会票式

凭会票到宝号周行足纹银整言定会至处月底本号见票无利交还此据未较砝码其平即照比兑民国年月日书图章

立写凭信式

号务一切正信详呈敬启者今收会到实号周行足纹银整言定会至处本号见信迟三五日无利交还未立票砝即以此信为凭其平照平比兑至祈缴信交给是荷余勿渎专此奉上仁兄青照弟拜具未列号甲子月日半

2. 汇票

山西票号是以票汇兑而名，汇兑的方法是：

(1)信汇：是汇款人交款给票号后，写信给收款人，票号收到汇款，就写信通知汇款地的分号或联号，收款人接到汇款人的信，持信向交款地的票号中取，票号如接到交款的通知，即行付款。此有半信用汇款在内，故非素有往来的大商号，则不用信汇。

(2)电汇：是急于用款，但亦限于素有往来的大商号。

(3)分地付款汇票：于票面书明在某地用款若干，至某地用完，持票人至某地向票号取款，票号于汇票上书明已取若干。至最后取款的票号中取款，票号付款将汇票收回。

以上除信汇电汇不用汇票外，分地付款汇票也是汇票的一种。汇票的形式，只有汇票及兑条两类。

(1)汇票

汇票亦名汇券，普通汇款以汇票使用最多。其手续是汇款人将款交给票号，由票号开汇票一纸，交给汇款人。汇款人将此会票交给收款人，收款人可持此票向票号取款。

汇票的形式各家大致相同，但多用特制的纸为汇票。

这种汇票，表面上看时甚简单，容易仿造，但特制的纸是不易作伪的。如平遥县蔚泰厚的汇票纸，以绿线红格，由平遥县一处印，各分号均用总号之纸，如坏了一张，必须寄到总号备数。其汇票纸夹印"蔚泰厚"三字，各处书票只需出于一人之手，并将笔迹报告总号通知各分号，以备查考。又于汇票后面暗书月日及银数。此种暗号外人不知，但恐日久泄漏，故数年必改，有学习暗号歌如下：

一月对暗号，谨防假票冒取，勿忘细视书章；

一日对暗号，堪笑世情薄，天道最公平，昧心图自得，阴谋害他人，善恶终有报，到头必分明；

一银兑暗号，生客多察脸，斟酌而后行；

一对自暗号，盘查奸诈智，庶几保安宁。

虽则如此严密，但仍有伪造的，是以大德通至民国时改用三联单式汇票根，寄至交款的总号或联号。汇票交给汇款人。汇票存根系发汇款的票号自留存根。

(2)小票

小宗汇款，不用汇票，在先用的是小票子。

银票字号凭票取平银整年月日票。

后来改用“兑条”即小宗汇款，则书一纸条，从中剪开，与邮局汇款的汇票相同，上半条给汇款人，下半条寄交款的联号，从中间直剪开，兑条则剪成曲形，使不易伪造，其文大略如下：

君台照

凭对条来取通用洋　元整此据

年　月　日与　君立去兑条根

（九）号规

经营小规模的商业，当无成文的号规，只从当地习惯而已。若票号营业既大，东伙又多，设立分号甚广，设立之初，是有章程订立，久之因环境变迁，章程又为修改。不过这种章程不易为外人所知，另书在号规账上。兹将大德通光绪十年初设立时号规、光绪十四年（另一次修改，共修改过十余次）、光绪二十七年、民国十年的号规，以至民国二年专为通告各分号的号规，一并录之如下：

大德通号规

设立时章程：

光绪十年新号议定号规款录

一、议：新事招牌，起为“大德通”，里外一切账簿，齐今年正月初一日，务将账皮各为注明。至于票业一门，仍是同兴裕，不过将一切账簿、账皮，都填写“新记”二字。至于外边出名，无论茶务、票业，皆是依大德通招牌，以图永远。

一、议：茶票生理，本属一号，所立账簿规式，俱有成章，不过茶、票两庄，祁铺各号资金五万两，取其逐年分别，每庄长银若干，庶可一目了然，好为估算。

一、议：各码头平素来往，以及将来结账，仍是营归沈，津归京，至于由外请用未下班人位，辛金并缴费等项，是何出结，皆照向章，毋庸更改。

一、议：祁铺内外周行借贷，皆是茶号一门办理。同兴裕所占银两，除讫资银五万两，用多用寡，皆向茶号周借，勿论逢标平时，按长年利计贷。设有余剩，随时下账。每年票号与茶号，贴伙食一千两，祁铺年底一账。

一、议：各码头勿论票贷货务，虽以结利疲账定功过，原以激励人才起见，容之其间，大有分别，总以实事求是，果尔本处多利，他方未受其害者为功。倘有只顾自己结利，不虑别路受害者，殊乖通盘筹划，大公至正之意。此等办法自有公论，兄等善自酌量，勿谓将来赏罚轻重不公也。

一、议：各码头总领，务须各乘天良，尽心号事，不得懈怠偷安，恣意奢华，是所切望。俟班回里，务将手中事件，逐一交代别位接办。将己身随带衣物，录一花折，开回支使银两，随身如数结束。未下班者，齐冬月底一律结祁，勿蓄分毫蒂嫌。并将伙等通年功过，随即另信题祁。

一、议：各码头凡诸物钱盘，买空卖空诸事，大干号禁，倘有犯者，立刻出号。惟生意之中，原以通其有无，权其贵贱为经营。遇景逢情，统积些实项货物，预与祁铺达信，请示可行与否，遵祁信办理，不得擅自举办。违者无论有利无利，按犯号规重罚不贷。

一、议：勿论何路码头人位，吃食鸦片，本干号禁，姑念近年世道不古，沾染既深，悔莫能及，若竟顶真，心犹有所不忍，是以东伙从宽定议，除前已染此弊者，负令悛改外，齐此往后，再有故犯其病者，依号规分别办理。如有先染已改者，以血性论；并有未曾习染者，以朴实论。纵有寻常过患，准其以此抵消。试思此宗规条，于身得益，于事不误，何不乐而从之？是则有所厚望焉！

一、议：各码头地方，虽免有赌钱之风，坏品失节，乱规误事，皆由于此。不管平时过节，铺里铺外，老少人等，一概不准，犯者出铺。至于优娼戏局，偶蹈覆辙，早早结出，刻不容缓，难免效尤，严之禁之。

一、议：各码头人位，不准向号中相与之家浮挪暂借及街面置货买物，亦不许拖欠账目。如有私事，号中不准不管，轻则降罚，重者出铺。其相与字号之伙，向咱周借者，咱亦不准支应，谨记预防，违者议处。

一、议：目今世道，咱处一带，逢标遇节，银两松紧不常。咱号事体，虽赖东家盛名，易于通融，但地皮过紧，利息增昂，吃亏败名，大有可虑。是以预为呈知，以免两误。凡做家中交款，估划标前一月，可以得信，即可收会。若期过于促近，零星固可照收，若大项即宜暂避。且四标尤宜分别，春夏两标，疲时多而快时少，秋标虽则平和，犹有露快之势，犹冬标至冬腊两月，地面事多之际，快多疲少，深宜谨防。如做生意，谨记是幸。若夫往家抽交生意，零星小宗，固无限制，如做家中成总收项，亦要早信关照。不然，倘遇银势疲滞，必受余银之背通盘估谋，纵然生气秀气，诚虑得不偿失。此情不但与家中为然，即各路彼此往来，亦是如此办理。总之，勤信关照，乃生意中之要纲也。

一、议：各码头上下人位，在外支取银钱，或随下班结祁，或齐冬月底结祁，倘有蓄欠分毫两者，以管账者自问。除本人重罚外，管账者定按循情隐匿议处。如有过分滥支人物，准管账者随时据实报祁，勿得含糊，至干咎戾。

一、议：各码头人位，俟班回里，毋庸言矣。告假者，脚费自备。设遇姻亲或家政有要事者，总领酌夺，顶下班回祁者脚费，俱系公出。余别归里者，一应花费自出。

一、议：各码头就外请进人位，未下班前辛金，务以齐年就外拨清，随地出于缴费之内，俟下班后，祁铺才能录底开支，惟是衣资不可拨出。待至下班，由祁出去，再为起拨，以昭划一。

一、议：凡两口售货，相与货账字号，不准再放与借贷，设若去借，单行难当，变行更难支持矣，谨之戒之，犯者出铺。

一、议：凡两口遇年分兴盛，利息较大，不免有贪放借贷之嫌，首项小次虑保重，虽即背利息忽略之事，总以不做为上，万勿含糊。倘若失错，是谁贪放，定罚不贷。

一、议：自此往后，凡顶身股人位，务要各合各节，不得潦草糊率，致犯号规。若犯出铺之条，何时说话，何时结楚，系按历年清抄算结。设有零月，不候年终清抄办理，定以应支开结。

一、议：号内身股，每年应支：一俸以一百二十两，九厘一百一十两，八厘一百两，七厘九十两，六厘八十两，四五厘七十两，三厘六十两，二厘五十两，春冬两标祁铺下账。除应支外，不准额外长支。倘有强颜硬问者，面阻勿怪。

一、议：勿论何路码头人位，凡为总领者，每月拨衣资银二两，副班者每月一两。惟初学生意者，五年之内，每月五分，五年以外，照副班同行，皆是以从祁动身之日起，回祁之日止，由祁一次拨给。设有经营三二年进号出外者，亦以初学生意者论。

一、议：凡独做票庄码头，应拨衣资，同兴裕出账，惟两口兴化镇以及南路办有茶务者，茶号拨给。

一、议：茶山人位，以及屡路发货者，号中既拨衣资，制衣添裳，以应按实价统计，才为公允。然而历年已久，今番亦未便骤挽前风，是以从权，彰明酌定，勿若是针工线扣，一应应用之物，以实价七扣结账。此情亦只可经办茶货人位照办。若是票号，以及售货人位，无论南北，不得依此为例，均以实价结账，违者议处。

一、议：两山采办砖茶，务宜拣好买到，押工齐楚，押砖总要瓷实，洒面均匀，以期到两口不受买主之挑拨。虽云如此，还要四处尽心检点，节省缴费。生意之间，南北相关，总以取利为佳。倘不尽心治理，货色低次，工不精细，必致有碍门市。那时置货者虽辞其咎为望，慎之勿忽是幸。

一、议：后首盼个时势转佳，若能将此种人才，不免枝占码头，票贷归于票庄统辖，货业归于茶庄统管，做法等等，各与各业相同，以归划一。

一、议：各处人位，皆取和衷为贵，在上位者固宜宽容爱护，慎勿偏袒；在下位者亦当体量自重，无得放肆。徜有不公不法之徒，不可朦胧含糊，外请者就便开销。由祁请用者，即早着令下班回祁出号。珍之重之。

一、议：凡伙等从各路捎带物料，果有己身必用之件，或家中难离之物，朋友之中，尚且成酬，何况自伙？不过致劳，不可令号中贴钱，上下一体，莫分厚薄。倘经买者不公或多结少结，谁错之银，拨记谁账。

一、议：勿论老少人位，每逢下班归里，总得先到祁铺，然后回家；不准私先回家，然后到铺。如与别伙捎带物件，亦应先送本号留底转寄，并非疑忌之见，欲使路伙利于身驾耳。

一、议：各路结账时，务将浮账暂记花名，以及票贷宗项随结账上，逐一花并回祁。如有隐蔽，移搁别处款项，总领写账者，均得重咎不贷。慎之慎之，勿蹈愆尤。

一、议：凡咱买货码头，除零星出售，现清货银外，若卖银期画价之家，随信务将用主字号报祁，以便内外了然，逢标遇期，收结票贷货银。稍有缓期误限之家，不特许报祁知。与各路亦得通报，毋得擅报平安过局，自取掩耳盗铃欺蒙之咎。此弊殊深痛恨，戒之戒之。

一、议：各码头人位下班之期，除沈营以三年为限，其余皆二年半为限。如俟下班之期，人位能于调开，毋庸候祁信吩咐。倘人位缺乏，抽调不开，即可曲委数月，一俟松容，再行下班，各宜禀遵是善。

一、议：勿论何路码头人位，凡为总领者，每月拨衣资银二两，副者每月一两，惟初学生意者，五年以内，每月五钱，五年以外照副班者同行。设有经营二三年进号者，亦以初学生意论，皆是以从祁动身之日起，回祁之日止，由祁拨给；如有本回祁者，到年终祁铺核估，齐年终拨清，来年再为起首。如年年拨清，不照旧规回祁一次拨给，庶可将伙等应得之银，年年沏于支账，不至名为长支，实则有应得衣资银抵补，此亦为名实不符起见也。

光绪十四年三月初六日合账重议号规款录

——第一次修改章程

凡事之首要，箴规为先，始不箴规，后头难齐。今将议定规矩，开列于下：

一、各码头祁号无信，不须节外生枝，统积货物，买空卖空。至于应酬一节，本是为利起见，不得认为当费之资。设有公费，如数出账，不许取别项弥补。置买家具路具，随置随出，不可抵作银数缴费。每年出清，不许浮搁。倘有一弊，必咎不宽。

一、各项身力，每年应支。一俸者以一百五十两，九厘以一百三十五两，八厘以一百二十两，七厘以一百一十两，六厘以一百两，四五厘以九十两，三厘以八十两，二厘以七十两，一厘以六十两。每年春冬两标一支。除应支外，分文不准长支。如有不合者，勿论铺辞、辞铺，但是不到年终，不管生意余亏，即按应支结楚。

一、各码头衣资，议定分别京申沈沙安津汉重度济汴正班，每月拨结衣资银三两，其顶生意协理，每月拨给衣资银二两，以及辛金及出外多年者，每月拨给衣资一两，出外未下班者每月拨给衣资银五钱，三年以外照辛金副班者行。市洞两山东西两口兴化营口周村正班，每月拨给衣资银二两，惟廷全已衣资，亦照二两拨给。多年协班每月拨给衣资银一两。初出未下班者，每月拨给衣资银五钱。三年以外，照副班行。以及清水源徐通治路货人位，随协班例一两。赤峰季曲阜正班，每月拨给衣资银一两。初出下班者，每月拨给衣资五钱。三年以外，照一两拨给。

以上俱系自出行之日起，至下班之日止。但有零日，即算一月。逐年在祁出账。

一、各码头上下伙友在外置买衣物针工线扣等件，按数以实计支，节礼一概不准奉送。其余不管置买零星一交之物，亦不许私行出账，凡从外置买家用之物，务宜先捎祁铺，经号转，不准私行一直寄家，庶免生疑。无论内外一货，以二十斤以外者，脚钱自出价值。随物实结，在祁计支。

一、各码头伙友外出之时，将己外身衣服物零星等件，就祁点明留底，随己往外带一底折。如在外逐年买过一切长物零星等件，就外一底鉴，以便逐宗划价。下班之日，除将原带出衣物零星等件，不划价值外，所逐年新置之衣物等件，逐宗开一新折，就外划价，一同带回，以便祁铺查核。如货物与价值不符者，祁另结。

一、每码头每月与祁实誊月清折，年终誊一总结账，各处与各处，每月誊一月清折。总是将银抽活，限定每月存银，不准过一万之数。各处首领赶冬月内与祁号总领写一保荐人位贤愚封口信，务要秉公实呈，以凭赏罚。各处如有机密要事，无论何时，可与首领信息，以便核夺协理。其内外伙友，不准致函至号。万一有不通之事，只可写开口信，俟后报祁。若有一字隐瞒，即以犯号规论。

一、各码头通年缴费，年清年款，不准日积月累。前司事者，如有积累情弊，下班之日，后司事者，毋得含糊。接班只可将积累银钱多寡明白报祁，以便计前司事之账。若含糊接班，隐瞒不报，嗣后查出，定则记后司事之账，以儆效尤。

一、各码头伙友，除因公告假外，若因家务告假，车脚盘费计为己身。倘遇临下班之际，实据告有情理。首领如是准其回里，亦作铺中出账。下班之日，禁止馈送礼物，违者拟以犯铺规论。

一、各码头禁止亲友浮挪暂借，与亲友字号相近之家，不外当承作保，免受日后牵累。伙友支使银钱，不准浮悬水牌，现取现记，庶免日久生弊，吃食鸦片赌博等弊，一概不准。

一、各码头首领不准就外请用人位，伙等在外使银钱年终尽数结祁，不准蓄留分毫。下班之日，随身带一花单，不许总结一笔，亦无须等待年终再结，下班必得祁铺总领有信。若不候信，即按告假论。如伙友服汤药号出，若服参茸丸散，计为己身。

一、各码头不准买存衣物绸缎材等项，抵作银钱数。只可谁用谁买，号用号出，随时分别记账。设有公存等项，一经查出，计首领之账。设有不应期款项，速为报祁，不准遏抑。勿论数目多寡，当年年终，皆按一扣清查，何年收回，何年复生利，不许前后混乱。

一、各码头伙友，如本人自占码关，体身若有收项银钱，或由祁会外，或从外兑祁，必得从本号兑，毋从外号会兑。如是巨款，本号不合，须呈明祁号，从外会兑亦可。如体身银钱有余，不准自带码头出放借贷，以免济私误出，致生众议，违者必咎不宽。

以上所定条款，如违不宽，毋得视为具文。

一、定人力故股，一厘至六厘，四年清结，七厘至一俸，六年清结，若初顶身股，未经账头而故者，无论多少，三年清洁。若功绩异常，或临故有毁之事，宜加宜减，众东另议。

右光绪二十二年重议故股章程。

光绪三十年合账众东添规五条列于下：

一、此后遇有用项，如向号借使银两，至多每股只准借三千两，逾限不准。

一、众东会议：各联号不准东家荐举人位，如实在有情面难推者，准其往别号转荐。现下在号人位，无论与东家以及伙等有何亲故，务必以公论公，不准徇情庇护。

一、号伙故股一厘至三厘者以三年清结，四五厘者以四年清结，六七厘者以五年清结，八九厘者以六年清结，一俸者七年清结，生意亦一俸，当过领袖者以八年清结。如有俸股，请进未经四年而故者，一厘至五厘二年，六厘以上者三年清结。

其故之年在十月初一日以前者，本年即算一年；十月初一日以后者，本年不算齐。今规定以前者，照旧归结；以后故者，照新归结。

一、各顶身力每年应支一俸者以二百两，九厘半以一百九十两，九厘以一百八十两，八厘半以一百七十两，八厘以一百六十两，七厘半以一百五十两，七厘以一百四十两，六厘半以一百三十两，六厘以一百二十两，五厘半以一百一十两，五厘以一百两，四厘半以九十五两，四厘以九十两，三厘半以八十五两，三厘以八十两，二厘半以七十五两，二厘以七十两，一厘半以六十五两，一厘以六十两，每年春、冬两标下支。除应支外，分文不准长支。如有不合者无论铺辞、辞铺，但是不到年终，不管生意余亏，即按应支结楚。

一、各码头衣费议有分别，京申营济沙安厂广川津沈汉重汴宁长城正班，每月拨衣资银三两。其顶生意协班，每月拨衣资银二两。如辛金协班即伙友出外多年者，每月拨衣资银一两。初出外未下班者，每月拨给衣资银五钱。三年以外，照一两拨给。所有口村周包清河坝原关苏烟正班，每月拨给衣资银二两。多年协理，每月拨给衣资银一两。如初出未下班者，每月拨给衣资银五钱。三年以外，照一两拨给。以上俱系自出行之日起，至下班之日止，但有零日，即算一月，逐年在祁出账。

光绪二十七新正月初五日议立。

拟占蜀庄章程四条底（三十四年九月初四日章甫已等赴城带去）

一、宗旨宜坚定也：我号今占成庄，以营汇沈库局署京协各饷及与各庄旋转票汇为宗旨，次师为我号契交，凡事待人以德，必须诚心相交，凡事自能仰仗。第我号人地生疏，成地市风浇薄，暂时不必放手贪展，只以察阅地面情形，询访盈虚消长，以作虑而后动之计。半年市面渐熟,心中果有底据,再作贪放,未为晚也。惟川省本富庶之地,举办新政最多,筹款当必不少,果能交接得法,须以营求浮存为要义。至于生息之款,利小者尤可收用,若系四厘以外之款,除至契者不能却,偶以少数应酬外,余则婉推躲用为善,缘我号架本颇巨,不宜以大利上款也。至于作佃官场,为我号号规所忌,贤弟当亦深知其害。今日占庄伊始,尤须加意提防,不独上千者不可轻易垫办,即数百数十之项,除确有把握及能得尽者,不得不应酬点缀外,余则一概禁止,甚勿稍涉通融,有碍号中禁令也。况尔来人情愈薄,差缺又多减色,非心中常有一番定见,鲜不为其所感,全在平日练达有方,乃不致临时被惑耳。

一、择主宜认真也:占庄因以求利为本,而尤以认其择主为贵,凡作迟期补数生意,则须极意详慎选择,不受恭维,乃不致上圈套。查我号定章纵是极为上上字号,至多不得逾二万之数,联号枝号,亦在其内,此尤指多年久占大庄而言。今我号初占成庄,市面生而且险,纵有极好上上字号,只可至多以二万为界,免受设有疏虑之害。数年后人手熟练,市面转佳,再为商祁变通可耳。况值多事之秋,难保有何变故,总宜诸从活便,庶可进退裕如,又须勤阅报纸,以明当今时务。至于耳目流通,诸凡留意,更吾等分内之事,须与伙等时常讨论,果能尽一分人力,自可得一分实效也。

一、操守宜清明也:近来票号习气,竞尚极欲穷奢,心高气傲者有之,志得意满者有之,以及荡检逾闲、任意贪占衣物者更有之,此皆局量福浅,规模卑狭,所见太小,欲速则能达之故。我号谦慎相传,以高傲自满,奢华靡丽为深戒。且勤为黄金之本,谦和圣贤之基,自来成功立业,未有不从谦和勤俭中来者。我号来此占庄,须以谦和勤俭为根本,以务将来大成基础,既不负涉水登山之苦,兼可获公私两益之功,甚勿以川省富绵,奢靡相尚,致罹饱饭忘家之诮。至于等剀切申明,总以实力奉行为妥。伙等果能遵行,不难破格超擢。倘有不循号规,与此反对者,则勿谓号中之待人薄也。

一、自立宜切究也。此次成都占庄,务须加意慎,所有一切规章,全在今日创始时认真作立,以期历久无弊。近来银行林立,我号利权几为所夺。矧值商战之秋,显然优胜劣败,若不速筹自立之方,恐无以扩利源而垂久远。自立之道维何?一曰实事求是,二曰一意从公,三曰随机应变,四曰返璞归真。果能身体力行,自可立足不败,否则渐退,后必有江河日下之虞。此为我号救时良箴,希弟等实力遵行,认真研究,以行他人之所不能,则庶乎优胜劣败,固我之所以长久也。

上开四条,指我号大体言之,务望弟等躬行实践;如有未尽事宜及有因地变通之处,随时函商增益可也。尤希留沏底账,以垂长久而备续集为善。

民国十年三月二十五日东伙公议号规底

常闻经商之道,端赖得人,营运之法,贵乎章程,未有章程不良,而能悉臻上理者也。上年冬季,我东君鉴于国事蜩螗,人心穷奢,并且欧风东渡,咸兴竞争,若不图自新之路,何堪立风雨飘摇之秋。是以商之祁号,征求同人之卓见,以应潮流之顺变。嗣经各庄各抒所见,条陈多端,其中诸多肯綮之言,祁号深为嘉纳。曾经会同东君,详加讨论,再四研究,除与我号现今局势内容稍有隔阂者筹量删减外,其切中时弊,与我号办法吻合者,摘录章程二十六条,说列于后。我同人或优于学识,或富于阅历,皆能仰仗斯意,实力遵行,自兹以后,将所立条规,另立册记,以资遵守。倘有阳奉阴违,玩忽泄沓者,一经察觉,祁号言出法随,绝不宽贷,勿谓言之不预也。况我号每到账期,修改章程,期于兴利去弊。奈我同人等一阅置于脑后,定章斟酌再四,祁号言之谆谆,伙友听之藐藐,是以虽善法而待诸善人。此层之苦衷,不得不为同人三致意焉。

一、我号牌号名称,一仍其旧,不必变更。

一、四年合账,仍照旧章。惟每到二年,分功过励优惩劣一次。

一、各庄存款利息，长期年息不得过七厘，短期利半年月息不得过五厘，二三月者月息不得过四厘。设有特别情形，必须申明理由，尤须留意存主人性（强硬或和平），注意行之，勿可滥为收存。

一、往来存款出息，京申津汉四处可试办，缘有好存货栈，保险公司等便为手续甚繁，俟由申采访章寄家审核后，分布施行。

一、各庄共交字号，宜定限数，上上招牌，迟票借贷不得过三万元，上牌不得过二万元，上中牌不得过一万元，中牌必须审慎，分庄选枝，一并在内，不得逾越。倘有特别，必须声明。

一、每到年终，将我号所共之主，资本若干，通年之盈余若干，人位如何，有限无限，何业何帮，务须详细报告祁号。

一、各庄官商疲账拖欠颇巨，收之非易事，自应极易设法，专派本庄强干之伙，授予事权。如遇重大之事先商明领袖，分头清理。倘能收得，宜当年量事酌给奖金，须由本庄呈请祁号，核准施行。

一、疲账拆收物产，预先多加研究，定妥方针，以早出售变银，以免受背。

一、各庄首领，每星期必须实地阅看账簿折据。如立票据，亲自签字盖章，不得假手于人。如首领因公外出，即副帮代行签盖亦可。

一、消息极宜灵通，稍一迟钝，即受亏折。往后行市涨落，即日以明信片报知各庄。如遇大变，务以电报通知首领，可收捷足先登之效，次可免其受害。

一、各庄立议事录一本，凡遇号中要事，或有可为之事，须公共讨论，各自书名，亲录所见，决权操于总号，见解言论，图谋设想，各出自由，每到半年，原本寄祁，以便采择。

一、加增路伙衣资，所消扣头，实记实结，撙节滥费，涓滴归公。如有陋规，无论巨细，以犯号规论。

一、各庄分为甲乙两等，京申济安津汉汴城都会大地为甲等庄，口包彰向等为乙等庄。兹规定甲乙庄如下：

一、甲庄首领衣资每月拨银六两。副帮每月拨给衣资银四两。伙友每月拨给衣资银三两。初出门伙友每月拨给衣资银二两(按物价昂贵，随风时尚，花费固属不够，然出门孳子学习，尚虑不及，何讲衣物齐楚，有志者不为也)。

一、乙庄首领每月拨给衣资银五两。副帮每月拨给衣资银三两。伙友每月拨给衣资银二两。

一、路伙添置衣服，必须先思时局浮夸，家计困难。如实必用，商明本庄首领协理认可后才准，否则不得任意自立。如裁缝工资线扣，以及平日零费，分文均出自身，倘有开出公账，查出以犯号规论。

一、所拨衣资，每一年终，由祁号拨，各庄伙友所支之款，仍照旧冬月内扫数结祁，丝毫不得留蓄。下班时，按物开折花结，计算原用实数若干，针工另写一笔，如有物价不符，除物留件或重结外，同庄之首领伙友，亦有应得之处分。

一、衣资既从丰银结，各庄首领，有统属一庄之责，更当振躬卒属，洁己奉公。如下帮赏点物件，虽是已出，亦须维约，以期维持俭德。

一、严禁嫖赌，并私自往家寄物及夹带违禁物品，如有发觉，查明惩处。伙等如有公正不挟嫌，不徇私。因公举发者，查实记功。此为互相维持号规，首领耳目难周。

一、川资路费，宜定规率，住路之伙，往来下帮，一律以三等客票。领袖之行李定为一担半，伙友只准一担，多则自出。沿路花费，开折报明。如阳奉阴违，查出以犯号规论。

一、每年正月初八日，选派稽核一二人，分巡各庄稽核。当选员不拘住家住外，临期带祁信前往。稽核之事如下：

(一)专查内外事件。

(二)账簿折据。

（三）本号人位优劣。

（四）审查社会之情形，定进退之标准。

一、稽核员往返各处之川资旅费，一切零用，开单结祁，各庄不得酬送分文。己身置买衣物等件，实记实结，运费厘税，一同结祁，以取正己正人。

一、稽核员每到一庄，协同首领，对本庄伙友，宣读章程一遍，然后依章程次第认真实行查核。如有违章情事，若系伙友所犯，稽核与首领权事之轻重，有黜陟之权，不待商祁，勒令回祁出号。此层务须被除情面，勿稍瞻徇，有负职责。

一、此次所定章程，先行试办三年，如觉适宜，固无庸议；倘有窒碍难行之处，各庄首领，不妨随时条陈变更，以期固我基础，我东伙享永久之利益耳。

民国二年四月十三号（即癸丑年三月初七日）

恒通记并众东公议号规底

窃维经商之道，首在得人，振兴各庄，端赖铺章，然明订规条，不足以资遵守而策修行，我恒通两号，向称殷实，信用夙著，光复后损失不为不巨，始由诸同人协力维持，同心撑拄，各庄赖以流通。继经东君提拨巨款，弥补亏空，号基尤为巩固，此皆由我东伙平日意见融洽，同心一致之所致也。惟既往之风潮，虽经厘定，而将来之规则，亟应申明，兹经锦堂东君及恒通记执事人等同意，而重订号规十条，力祛旧弊，实事振兴，务期详明，不惮烦琐，兹特宣布各庄，共同遵守。倘两号各庄人位，有违背规则及不法情事，两号领袖，均负有互相侦查，互相发觉之责，务须及早详陈祁号，以凭核办。如有瞻徇情面，不肯举发者，则以共同隐匿论过。诸君精明卓著，为守兼忧，愿此后益加奋勉，矢慎矢勤，彼此相关，互相赞助，巩固向来之营业，开辟未有之和源，庶克为我两号大局增光，于晋人夙善经商荣誉，亦得逐渐恢复，于诸君厚望也。兹将所定规则列后：

一、不准在外巨数支使，以致祁无纪律也。码头支使，本非正理，此等时年，尤应节制，只可添置衣物使用。兹议：领袖在外支使，每年不得过五十金，股俸协办，不得过四十两，身金伙支，不得过三十两，能少更善。如有逾章多置多支者，实记支账，不准折扣。

一、不准私自捎物致累人格也。私捎衣物，本干号规，逐年世变纷纭，每有往家赔捎衣物之事，殊堪痛恨。兹议各庄伙友，无论何物，贵贱大小，必须交明总号，随物结价，由号转家。如有私自捎家者，一经觉察，以犯号规论。若祁号伙友，不经号开，有私托路伙捎物者，亦按通同舞弊论过。

一、不准就外厚道，致滋舞弊也。两号一厚，冠于同帮，既拨衣资，又有扣头。乃有假厚道名目，分结银三五十至百八十两，上行下效，百弊由生，于伙等操守有碍。兹议：此后各庄首领，正己率属，一秉大公，以除积习而防流弊，慎勿再借厚道名目，彼此分润而致玷操守。东家所叠施优厚，正是欲杜此积弊耳。

一、不准私带亲族，影射号中银钱也。近年首领敷出，每有私带数人，名为厨支仆役，实则非亲即故，往返盘费，号中出账，纵有更调，亦随偕往，种种弊端，不胜枚举，大非我帮清廉自持之道。兹议：此后有则改之，无则加勉，以重号规而惜财力。如有犯者，务按情节之大小论过。

一、不准私行囤积放人名贷款也。私行囤积，例禁綦严，载在万金，乃近不免有私行囤积，侵渔入己，或弥补亏空滥费情事，实于号规大有妨碍；至于官场人名贷款，损失太巨，令人心寒。兹议：此后凡有官场及人名挪借款项，一概谢绝，分两不准。如有囤积者，以犯号规论。

一、不准奢侈滥费，以耗财力也。此番继乱，非比寻常，财力之艰，达于极点，生意之少，兑利之难，已为有识者所共患。我两号若不实行整顿，逐处节省，恐无盈余开俸之望。语云："俭为美"；又云："节食者可增福，俭衣者能益寿。"兹议：此后我两号之人位，务须以革除滥费、敦崇俭德为前提，以膺号中懋赏为善。

一、不准侵蚀号中积蓄也。我两号占庄有年，各庄不免有久来提取或备荒余利存蓄等项，理应经理原数保存，以防伙等诪张为幻，即有可以取消之款，亦应声明祁号，悉数入账，乃涓滴归公之道，万不可侵蚀挪移，弥补私亏，致犯通同舞弊之过。兹议：各庄如有犯此弊者，一经觉察，主谋者有侵渔公款之愆，从办者有扶同隐匿之咎，绝不宽贷。

一、不准花酒赌博，致堕品行也。花酒赌博，耗财败名，值此时艰，亟宜痛戒，从前交接官场时，尤有借为联络之际，日久流弊，荒公废业，且于人品名誉有损。兹议：此后各庄人位，即不以交往官场为务，则当返璞归真，黜华从俭，其于花酒赌博等事，着意戒除，以肃号规。

一、不准吸食鸦片，致干禁令也。鸦片一物，为害甚烈，时至今日，尤当痛除，况复禁令森严，价渐昂贵。兹议我两号伙友中已吸者及早戒除，未吸者万勿沾染。倘有私带烟土，被卡查出受罚情事，除罚项记支账外，议以相当处分。如有从此新吸之伙，一经查悉，立即出号，绝不宽贷。

以上所定各项条规，东家与两号共同拟议，一再斟酌，至重我两号各庄领袖，谆谆告诫，实力遵行，以副东家培养号务盛意，兼期吾等恢复旧规。倘有不遵号令，仍前放肆，以及阳奉阴违之伙，今既定之于前，则必行之于后，慎勿视为具文可也。

高钰

乔佑谦

乔映霞　　　　　　　　同启

秦忠

阎维藩

（十）行会

一种商业发达到了相当时期，而且同行亦甚多，于是有行会的组织，对内可以联络感情，协商业务，对外则以团体行动，比较有利。山西商人，在各地常集资建立关帝庙，作为集会之所，于每年关帝诞日，多演戏酬神，以作同行的大集会，如遇小事，亦可到关帝庙集议。因为关羽是山西解县人，各地人多敬仰而设庙祀，山西商人也借此而建关帝庙。又传关帝为财神，此又商人所必祀，山西各地的行会，即设在关帝庙内。

上海、山西的票号，在光绪二年时，已有二十四家，凭宝善街庆兴楼后院，于光绪五年集资（每家五百两）购买北河南路口七浦路一八八号为行会地址，名为“汇业公所”，前为关帝庙，后为集会楼。现在山西票号，在上海的只有大德通一家，汇业公所归其管理，前院租给煤炭商人，后院楼房，由山西在上海有工作者暂住。

现在上海、山西的票号只有大德通一家，票号的行会已不存在，大德通加入了钱业公会。

汇业公所木刻照会碑文

抄道宪蔡照会各领事
律法官底稿

为照会事据英美租界会审委员张牧详据山西汇业董白之纬范家俊禀称窃职等向在租界分设汇兑庄号专汇各省埠银两云云详请照会等情到道除批示外相应照会为此照会贵领袖总领事请烦查照即希转

饬各国洋商一体知照望切施行

照会租界袖领德法总领事施白

光绪二十四年四月十三日

迳启者据英会审委员张牧详山西会票必须人票并认照会各国领事既知照贵律法官一体备案等情到道除批示并照会租界领袖德总领事及法总领事转饬各洋商知照外合抄来详奉致即希查照备案此颁日祉

分函致南阳律法官担罗

光绪二十四年四月十三日　　闰三月公庙详

光绪二十四年闰三月十三日

汇业众号商　递　英界会审公堂禀稿　禀为汇票各有原主若非人票两认不得支取预杜盗冒而免讼端事窃职等向在　治　租界分设汇兑庄号专汇各省埠银两生理凡汇票往来必于汇券于头书明收银人之姓名或某字号等字样　其持票来取必须查明来人与此票所书抬头之人是否相符假如汇至甲处之款　已处持票来取者即为人票不符号规不得支取是既认其票并认其人与本埠钱庄银行所出银票通行市面认票不认人者不同查汇项远处多为原主带寄汇票每有疏失或被盗窃或被串骗讼案见沪上为各国通商总汇中外云集人类不齐职等恐有前项假冒情弊票落他人之手或转向中外商人以票抵押银两货物致启失和争讼之端环恳　批准立案给论并乞照会各国领事存案知照各洋商此后凡有各省埠汇券到沪但有抬头人名字号字样之票其银必交本人既不能代人支取抵押货物更不能如钱业银行之银票一律行用人票苟有不符号规即停支取票落他人之手便成废纸职等为陈明号规杜绝弊端起见伏乞

大老爷恩准批示施行商价均感实为德便

闰三月十八日奉

吴会审公堂张宪批

该拟情详请

道宪照会各领事并照律法官备案

四月二十七日奉

道宪蔡批　已据情照会租界领袖德总领事并法总领事查照饬知并亟致正副律法官一体备案矣

仰即知照缴

六月二十三日奉

上海县黄宪批　如禀备案候分移英法两公堂一体立案可也

军机处存托花翎补用直隶州正堂办理上海英美租界会审分俯张

录批谕知事案据该董禀请照会

各国领事知照各洋商凡有各省埠汇票到沪但有抬头人名字号字样之票必交本人收取既不能代表支取抵押货物更不能如钱庄银行之银票一律行用人票苟有不符号规即停支取落他人便成废纸杜绝弊端等情业经批示并据情详情

道宪照会在案兹奉

道宪批开已据情照会

租界领袖德总领事并

法总领事查照饬知暨亟致

正副律法官一体备案矣仰即知照缴等因奉此合行录批谕知为此仰

该董即便知照此谕

右谕山西汇业职董 白之纬 范家俊 准此

光绪二十四年四月二十六日

谕

汇业公所碑文正面：

新建汇业公所碑记

天下之事创始匪易往往有图之经久不得而忽得于一旦者盖图事之赖有其人而成事之必有其时也申江为中外交易地繁盛甲天下汇业同帮贸易于兹者计二十四家已历有年所矣 光绪二年丙子春赁有宝善街北路东庆兴楼之后内院一所每选神诞筵会及一切巨细事皆诣此聚议惟逼近阛阓喧嚣杂沓既无以安 神灵而同人齐集亦形湫隘欲别寻一区殊未易得雅静地 今于光绪己卯孟冬购得上海县洋泾浜第二十五保头图英租界内徐氏花园一所计地二亩零三厘七毫酬价银元一万一千两改创公所前厅供奉

关圣帝君　火德星君　增福财神　天后圣母　金龙四大王岁时修祀庶几可以妥神灵乎后应则明窗静几壮丽宏敞筵会聚议咸适内计房屋一十九间曲槛回廊外山石玲珑竹园屈曲楼阁之上平芜入望清风明月悉成耳目之声色焉其余林木荟萃花草馥郁皆得及时畅其生意繁盛之区得此雅静之地殊未易也同帮各集银五百两酬正价外余用详项契据镌碑阴不赘其倡之者为郝遵五司马建良要奉之司马佩璋成之者同志诸君子也是为志赐进士出身

诰授奉政大夫翰林院编修癸酉科山东副考官丙子科会试同考官顺天乡试同考官

起居注协修加四级记录六次

贡生　陈学棻谨撰　郭宠章谨书

光绪六年五月十三日　山西汇业合帮公立

汇业公所碑文反面

汇业公所创始情由前文已经叙明兹将地亩址落以及一切费用并捐资字号开列于下　一计所置挂号基地二亩零三厘八毫东至浜岸西至陆田南至陆田北至川洪浜半浜　一计所置前面地一段五分六厘二毫东至半浜西至陆姓南至大路随至本行地　一计共地基二亩六分整置价库平银陆百七十五两整税契费库平银二十两零二钱五分整（随有卖契一纸税契连贴）一书置其地前进平房价值库平银五百七十两整税契费库平银二十七两一钱整　（随有卖契一张税契连贴）一计置其地后进楼房一应等屋价值库平银九百三十两整税契费库平银二十七两九钱整（随有卖契一纸税契连贴）一计置其内古玩台椅书画假山家伙花卉树木并自来水家伙一应杂物价值库平银七千八百一十七两整(随有房契一张)

以上共费库平足纹银一万零五十八两二钱五分正另有陆望云 陆驿梅五分六厘二毫原卖地基契一张　顾秋宾租与　广南行二亩零三厘八毫原海关道契一张抄契一张

再碑文正面所刻公所基地亩数及置立年月与背面略有不符者盖因正面刻之在先税契在后故属不同惟恐后人视之猜疑特此又镌

松盛长　协同庆
谦吉升　新泰厚
乾盛亨　大德兴
志成信　蔚长厚
元丰玖　巨兴隆
日升昌　百川通
协成乾　蔚丰厚　各捐规银五百两整

蔚泰厚　　协和信

云丰泰　　巨兴和

兴泰魁　　存义公

三和源　　三晋源

合盛元　　蔚盛长

汇源湧　续捐银三百两嗣后再入公所者仿此

候选从九任凝峡谨书

大清光绪八年五月十三日　山西汇业阖帮公立

四 人 事

票号人事部分的材料，一为访问，二为墓志，三为其本人或后人所作之传略。

访问亦分三种：一为商会召集曾在各票号为经理及股东者，余为之询问；二为由友人介绍，亲至其家访问；三为曾住于票号中（如祁县大德通，平遥日升昌）而为之访问。

墓志的收集，一到各县在古玩商店及旧书摊上收买，一系在太原精营会及太谷的大会上收买，一为票号股东及经理的后人送来。

传略的收集，余曾函平遥、介休、祁县、太谷各商会，布告城乡，请各票号股东经理伙友等，将其本身或其先祖的事迹等编纂为传略，送交商会，结果在平遥收到传略三十余本，介休、太谷、榆次未收到一本。惟祁县收到一短篇。

此外与人事有关者三：一为其人的照相，有十分之八九系余借照相馆往照的，少数系自己送来的。一为其房屋的照相，全由余所照。一为碑上往往有其人的布施，祁县城内由祁县中学学生抄录，余由山西教育厅饬各县教育局转令各小学教员抄录，余于重要之处，亲往各庙及坟墓上抄录。

（一）首创票号的雷履泰

雷履泰，平遥人，为日升昌经理，即首创票号之人，惜其生卒年月不可考。因其玄孙雷东阳将其木主楼卖了，木主也烧了，并将坟上碑也卖了。雷东阳于民国十年饿死，无后，故无法考证其生卒。惟找到雷履泰的侄孙雷逢仪，现年五十九岁，给人作厨役。据其所云，雷氏的世系如下：

雷禄｛金库——登泰——克昌——逢仪——天福
　　　金仓——履泰——晋昌——大玉——东阳

按日升昌于道光四年由颜料行改为票号，雷履泰为总经理（大柜），毛鸿翙协理（二柜），程大佩为内事（三柜），故平遥有俗谚说：

“人养好儿子，只要有三子，长子雷履泰，次子毛鸿翙，三子无出息，也是程大佩。”

毛鸿翙与雷履泰意见不合，于道光二十四年出日升昌，另作蔚泰厚，是雷履泰于道光二十四年时尚在。按平遥文庙内有道光二十四年碑，其捐助布施者，有“日升昌捐银一百五十两，雷履泰捐银四十两”。

雷履泰捐款数目，占日升昌捐款数目四分之一强，可知雷履泰其时在日升昌占的股份很多，是以富有。观雷履泰住宅富丽可知（雷履泰住宅在平遥县城内，以三千元抵押给人。余调查时，此房正在修理）。

（二）日升昌股东李二魔子

日升昌股东系平遥县达蒲村（平遥西北十里）李家。李氏的家谱如下：

- 李章殿
  - 文质——大完——兰溪
  - 文彬——大全
    - 箴视——五魁——宗靖——国芳
    - 箴听
      - 五典——宗谟——国荣
      - 五庸——宗琐
      - 五玉——宗海——国富
      - 五峰
        - ——宗渤
        - ——宗涛
    - 箴言——五常——宗晟——勤

日升昌由颜料行改为票号时，李大全为当家（按达蒲村李宅前，檐下面有“千总李大全立，大清道光十四年秋季月”，是在道光四年改票号时，李大全尚在，当为当家），大全卒后，李箴视为当家。

李箴视字允明，知府衔加四级赏戴花翎，生于嘉庆十六年八月初六日，卒于光绪八年七月十一日，有木主可考。若李箴听行二，有疯病，人称李二魔子。因其疯病愈重而日升昌商业愈发达，故李二魔子以此著名。李二魔子无木主可考，只能推知生于道光元年，卒于光绪五年，其子五典现年六十七岁。

达蒲村李宅老院门匾做“道光丁酉”年号，其院宅不如中院富丽，中院门前石柱上刻有人物，旁有小字云：“道光三十年立。”

（三）继创票号的毛鸿翙

毛鸿翙，平遥县邢村人（平遥东南十五里），生于乾隆五十二年，卒于同治四年，为日升昌票号二柜，与大柜雷履泰意见不合出号，乃为介休贾村侯姓的蔚泰厚绸缎庄经理。于道光二十四年将蔚泰厚改为票号，并与山西浑源县常姓合股将蔚长厚布庄于同治三年改为票号。其孙毛履泰于光绪十八年成立永泰庆票号。今票号歇业，其股东与经理之后人多穷困，除祁县乔家堡乔姓外，而平遥邢村之毛姓尚可持维，故其住宅尚完整。

毛氏谱系如下：

- 毛际美
  - 鸿翮
  - 鸿翷
  - 鸿翻
  - 鸿翙——宗闵
    - 履泰——辉德——述祖
    - 履祥
      - 绍达
        - 述长
        - 述亮
        - 述贤
      - 仁达
        - 述尧
        - 述禹
        - 述舜
      - 周达
    - 履廷
      - 成达——述龄
      - 文达
      - 诗达——述经
    - 履恭
      - 育达——述圣
      - 敬教
        - 述孔
        - 述会
      - 如达——述彭

《晋商盛衰记》云："毛凤翙……与雷君（雷履泰）因招商争利，互起猜忌，遂成仇敌，致有雷君名子曰凤翙，毛君名其孙曰履泰之暗斗。"

今观毛氏谱，毛鸿翙有长孙名履泰，而雷氏谱中并无鸿翙之名，有之则为雷逢仪，逢、鸿在平遥读音同，故多将毛鸿翙写成毛凤翙，翙、仪音也有些相近，或者因此人多误传呢？而毛鸿翙以其孙名履泰、履祥、履廷、履恭，以履字起，其取于福履绥之及否极泰来，与雷履泰之名偶同呢？而毛鸿翙以其孙名履泰，雷履泰并无以其子孙名鸿翙的，确为事实。又按毛履泰生于道光十九年，至道光二十四年的毛鸿翙出日升昌时，毛履泰为五岁，如果履泰不为乳名，是毛鸿翙之名其孙为履泰，或有侮辱雷履泰之意在内。

毛鸿翙的事迹，平遥邢村毛忠恕堂有光绪十八年新建振羽翁祠堂碑记云：

……我毛姓初居城内，继迁邢村，传至振羽翁甫四世，家声大振，克昌厥后，良有以也。翁讳鸿翙诸授武德佐骑尉，行八，振羽其字也，负性笃实，读书尝为贫累，于是弃儒就商，计算不减陶公，笃于孝友，纷华麻丽不扰于内，故至老而家业方兴，声名藉藉，遍于乡党矣。翁所出一子讳宗闵，字瑞堂，议叙布政司经历，先翁而逝。留四子，长履泰，诰授武功将军，次履祥，议叙郎中衔，次履廷前在太平县（现山西汾城县）儒学教谕，次履恭，议叙同知衔，皆翁之孙也。翁妇玉楼，葬翁于大王村之东坡上，甲申年（光绪十年）履泰（卒于宣统元年）为翁立祠……王启心书，光绪十八年十一月立。

毛鸿翙年七十八卒，碑云："至老而家业方兴。"毛鸿翙于道光二十四年为蔚泰厚经理，至同治四年卒时为十年，是毛鸿翙之发财，在蔚泰厚为经理后，以雷履泰捐款数目为日升昌四分之一强，以毛鸿翙晚年起家。是毛鸿翙在日升昌不得时，雷履泰恐有压迫毛鸿翙之处。

（四）后起之秀的刘庆和

刘庆和，字肃斋，平遥县侯兼村人（平遥县西南二十里），生年未详，卒于光绪十六年。于咸丰六年以银三万六千两资本，成立协同庆。而能与平遥的日升昌、蔚泰厚、蔚丰厚、百川通、新泰厚、蔚盛长、天成亨、蔚长信、协同庆为十大票号。其经营的经过，有光绪十五年时刘庆和同事所著之协同庆汇兑记稿本，录之于下：

……我协同庆汇兑之庄，其始资本三万六千金……刘公肃齐……及其年逾志学（十五岁）迫于家计，遂弃儒就商，学为抱布之业。未几布业事废，乃入蔚泰厚号学为汇兑，与故子元孟公共事，相得最深。后在京都、姑苏两庄，俱自展其才，克胜其任。适值发匪不靖，汇兑家各撤外庄，公与子元俱由蔚泰厚出，而入广聚银号，办公于川省者数年。一日，谓子元曰:“我辈居人庑下,曷若自立门户之为愈乎?”于是子元欣动于中,躬返平遥,各托亲友成全新事,不数日而新事遂成,时咸丰六年五月协同庆之所由起也。惟时公及孟同年,甫及庄,诸东家思其年轻事重,须得志成人坐镇其间,因请故陈公谦安者为之执事。自事立之后,同心协力,获利已多盈余。不料未及三年,陈公谢世,继陈公而执事者,孟公子元也……今公继子元执事者二十年矣,又复五经核算矣,获利本固倍胜于前,而犹欲兹事之万全也,因添设济闽诸庄,别立同益庆账庄,则公之深谋远计,诚可大而可久也……

刘庆和留有信稿二册,由其玄孙刘传鼐(现为日升昌伙友)赠余。兹录其同治十三年新正元旦寄汉第吉次信于下:

再所收兰州之饷,以前者存银而论,未尝不是,但前者之银,平铺切卖西汉涌收,而兰伙自是勉附。平信少为算做,辗转之间,定是空虚。若汉号再为猛收,则兰伙定是怅惶拮据矣。以弟之见,贪大宗不若做小宗,大宗不免夹赔失措,小宗自是大家和平也。此后再收兰饷,务以每期一二万为度,呈兄知之。即四万亦未尝不可收会,但惜其一期,未免不合。况道路遥远,难得计算。若兰号存少,自必猛收西原。西原存少,自必猛收汉口。汉口存少,自必猛收上海。上海存少,自必出大利,而又猛收汉口。若然,则一宗不合,而夹赔岂有底止。望兄体贴此意,细心照办是祷。

当刘庆和卒时,协同庆公积金有四十万之多,其后有每股开一万八两的。今其后人尚有钱庄等之开设。

(五)票号最多的侯魁

介休县有句俗话:“介休有三不管,侯魁令高二大王。”令高姓冀,系介休北辛武村人。二大王姓郭,系介休大京村人。侯魁(生年未详,卒于光绪十九年)系介休县贾村(介休县东南五十五里)人。三家均有钱,横行一时,故有此名。

侯氏的谱系如下:

侯兴域
- 泰来——义昌——銮仪——戴金
- 恩来——寿昌
- 章来——庚昌——銮阶——魁
- 培余——荫昌——从杰——崇基
- 慎裕——禧昌
- 步余——左昌

侯氏于金时从陕西华邑县迁于介休,在明代已为富室,清初在山西运城经营盐商。因其侯泰来等兄弟六人经营,故有"六来号"之称。乾隆时号称"侯百万",故商号甚多。有改为票号者如下:

(1)蔚盛长,原系经营绸缎(按平遥县城外大王庙嘉庆二十二年碑有"蔚盛长捐银十八两",可知蔚盛长在嘉庆二十二年以前已有),于道光一十四年改为票号,于民国十年歇业。

(2)天成亨,原系布庄(平遥城内关帝庙乾隆乙卯年碑有天成亨捐银八钱,是天成亨于乾隆二十四年已有),于道光一十四年改为票号,于民国十年歇业。

(3)新泰厚,亦系绸缎庄(平遥县城内武庙道光十五年碑有"新泰厚捐银六两五钱",可知新泰厚道光十五年以前已有),于道光一十四年改为票号,于民国十年歇业。

(4)蔚丰厚,亦绸缎庄(平遥武庙道光二十三年碑有"蔚丰厚捐银八两",可知蔚丰厚道光二十三年以前已有),于道光十四年改为票号,民国四年改为蔚丰银行。蔚丰厚于民国十一年歇业。

(5)蔚泰厚,亦绸缎庄(平遥县武庙的道光十五年碑有"福商蔚泰厚捐银六十二两",文庙道光二十四年碑有"蔚泰厚捐银一百五十两,募银一百三十两”,动工于道光二十一年,捐款当在其前,是蔚泰厚在道光十五年前已有),于道光一十四年改为票号,于民国十年歇业。

侯氏以侯魁出名,而管理票号者即系培余一支。其经营事迹,稍具于侯从杰墓志中。兹择录如下:

君姓侯氏,讳从杰,字卓峰……诰授通议大夫,赏戴花翎,郎中衔,光禄寺署正加四级附贡生……世以权奇子母为商业,委任志成,推心置腹,一以信为主,虽支部几遍行省,千里一呼,无不相应。庚子以后,海内商业大局岌岌,君独筹划周密。他商亦均取法,偶有岔事,得君一言而解……君生于道光二十八年正月二十五日,卒于光绪三十四年九月十五日……子一崇基(现年三十五岁)……

侯氏既有五联号,在清末执票号界之牛耳,故在清末提由票号改为银行,而遭蔚泰厚经理毛鸿瀚之反对而止。今侯氏票号的五联号虽皆歇业而欠侯氏之款者尚多。以山西省公款言,同蒲路借款十五万元,保晋公司二万元,晋纱纺织公司五千九百元,其商号并私人之欠款不计。今侯氏分居贾村北二堡(侯魁在北堡,侯崇基在南堡——南堡系乾隆二十一年筑,于道光七年移入),而南堡之住宅尚好。

(六)力主票号改为银行的李宏龄

资本主义之侵入中国,当中国内地铁道未设,电报未立,交通不便之时,资本主义不能深人内地,而交易已繁,此票号之应运而生。迨至清末,交通已便,大宗汇款入于外国银行,小宗汇款则为邮局,而会票之使用又不如纸币之便,是以营业日衰,势不得不改为银行,力主其事者为平遥李宏龄。其事略如下:

府君姓李氏,讳宏龄,字子寿,世居山西平遥县源祠村……同治初元,就邑中某钱肆实习。钱肆业败,复因邑曹君惠林之荐,以同治七年

入蔚丰厚……(《平遥李先生事略》)

平遥汇商蔚丰厚者，于同业为巨，或荐君才，延为分号……汉口……上海……京师……君迭主三肆，凡四十余年，所保全孳殖不可胜计。中东拳匪之变，他商率辇金窖镪，君不取出，君独从容营业，主者虽止之不听。庚子，京师既陷，朝官走上海者持京券求兑，诸商暂不予。君时主沪肆，独排众议，以事出非常，宜量予之。诸商犹不从，君亦弗顾，由是名益显。先是，国家无银行，京师官私金银奉寄炉房。岁癸卯(光绪二十九年)，京师讹言，竟向炉房提兑现货，旦夕且败，政府忧之未为计。君乃倡言，将季同业以巨款接济炉房，市面乃定，无复争兑金矣。戊申(光绪三十四年)冬，两宫大丧，银市动摇，炉房益危，君遂联同业货款维持，人心以安……既久寓沪汉，观世界大势，知吾国商人墨守不学之必败，恒为主者痛陈利害，劝设商校，遣学生，立银行，皆不见用。迨君归志，而山西汇商相继倾落……中华民国七年五月二十日病卒，春秋七十有一……子三，赞廷，斌廷，贽廷……(《故平遥李君墓志铭》)

李斌廷(曾为本行济南分行职员，因事去职)，存有其父李宏龄之手稿五十余册，可作票号史之参考，而李宏龄于民国六年用石印印成二书。

(1)《山西票商成败记》，此书序文七页，本文二十八页。本文系李宏龄主张由票号改为银行，征求各票号的老号及分庄往来的函件。其序文中有："……目睹时局至此，非改组银行无以收权利平等之效。适戊申(光绪三十四年春)驻京师，与渠学士楚南商定改组章程，先函达总号商酌者四次，当面陈述两次。是岁冬渠学士返里，复亲泣各总号开陈利害。其时各号之执牛耳者，首推某号(蔚泰厚经理毛鸿瀚)。某公闻之，大不为然，于是一般庸庸，无敢异议……"

(2)《同舟忠告》，序文三页，本文七十六页，系在号中往来信件，后附筹办银行信件及附阅历之言。其序文中有云："……迭遭甲午、庚子、辛亥之乱，事起仓促，为国家未有之大难，亦为商界未有之奇变。方事之殷也，区区商号，如一叶扁舟，浮沉于惊涛骇浪之中，稍一不慎，倾覆随之，而回顾老号诸执事，泄泄沓沓，大梦未醒……举凡各埠之盈亏，人位之贤否，宜如何整顿而策励之。苟有所知，无不切实数陈，连篇累牍，只求同心以共济，何嫌越俎而代谋……”

（七）主张改银行不成退隐的张石麟

张石麟，平遥城内人，曾为蔚泰厚伙友，以主张改银行与毛鸿瀚意见不合而辞退。其事略如下：

公姓张氏讳石麟，字瑞臣，山西汇商中达人也……民国乙卯（四年）年公七十二岁，身患泻，正月三日疾笃……于道光甲辰（二十四年）八月七日生公……时有劝公仕者，曰：‘人生事业在社会，果有济益，身即未服官政，对国家无不小补，奚汲汲仕宦为。’嗣后君经营汇兑业多年，规划周密，获利蓓蓰……公且怀宝弗迷，经济用展，非但各部市尘金融流通，三晋商务借以廓张……西商汇业难以久持，因劝改办银行，保守权利，公以为然，乃持说帖还晋，召集同业，图维持善变事宜。无如言者谆谆，听者藐藐。浸淫至今，即欲设法挽回，而大势已去……光绪甲辰（三十四年）脱离汇业，赋闲里居，日以提倡垦收，振兴纺织为务……（《诰授奉政大夫张公墓志》）

（八）天成亨经理侯王宾

平遥天成亨经理侯王宾，字鸿仪，平遥人，平遥县知县李寿芝所撰的《诰授直奉大夫晋封朝仪大夫光禄寺署正候铨清军府鸿仪侯公墓志铭》，其中有言及票号银行事，兹录如下：

昔班固讥太史公传货殖，以为崇势利而贱仁义，刘知几讥货殖传以子贡居先，有失扬善之义。嘻！何言之慎也。白圭曰："智不足以权变，勇不足以决断，仁不足以取予，强不能有所守，虽欲学吾术，终不告之。"然则中国先秦以前本身有货殖一学。而其事悉以仁义为之干，昭昭然也。后世竟区货殖于仁义之外，于是此学遂微。然豪杰之士，时夺迹于中者，至今往往不绝，若吾友平遥侯公迨其人与。

平遥当四达辏辐之冲，晋商汇号聚旋于斯，公弱冠即执事蔚泰厚号，客京师十余年，嗣后入广聚兴号……后主天成亨号……值迪化被灾之后，继以泾阳回匪滋事兰州兵变，各路分局几于折阅不市。公居中综理调度有方，内外巨细，算无遗策，数年之间，利逾十百……独能薄饮食，节衣服，与同事伙友同甘苦，而又能选明干，黜偷惰，信赏必罚，无亲疏厚薄之异，擅管数十年。分局数十处，赞襄数百人，常如以兵事部勒之。其于治身之道，趋变之方，岂偶然哉。

嗟呼，中国民穷财匮，至今日极矣，论者皆曰救时之策莫要于商务，商务之本莫切于银行，故自前岁以来，当时佥以创设官号为急务。夫创设官号是也，独怪用一大班，必曰西人，设一总董，延一参议，亦必曰西人，一若震旦人才举无足以用者，此其吾之所不解也。如公者岂不足以办此，惜乎无人识拔之，而事之止于斯也。公生于道光二年九月二十二日辰时，卒于光绪二十三年三月初八日寅时。春秋七十有五……今于光绪二十五年三月初二日葬公于秀园之新阡……

附侯鸿仪之子侯定元事略：

侯定元字乙卿，为侯鸿仪第二子，其兄德卿为河南知府，后在平遥办民团，先定元卒。侯定元事有《诰授武功将军兵部候推游击戴花翎加二级议叙都司一卿侯公墓志铭》云：

……读《论语》"有事弟子服其劳"即奋然曰："吾能读书，吾何不可就商，忍吾父独任其劳乎？"故成童后即随鸿仪公学汇兑业。汇兑者，为有清一代输解赋税，转运军饷者也。公操奇计赢，必诚必信，策划动中窍劾，虽老于事者弗若，以故同事咸器重。及鸿仪公捐馆舍，公仰承先志，益尽心号务。光绪二十六年拳匪乱作，两宫西巡，商务骚动，号中有巨款，人皆束手，公素技艺，择善地而避之，乃获安全……国体改革，汇兑不灵，各往往庄抢劫，金融滞塞。同事诸先达或辞世，或观望，存亡成败不绝者如线，号东与同事议推公为经理。公明知时事日非，信用将失，无能为也。然思食其食即当忠其事，况盛时则相分润，败者漠不相关，岂大丈夫所为哉！公力为维持，其事乃定……民国八年……而逝……”

附反对票号改银行之毛鸿瀚：

毛鸿瀚，平遥梁村人，生于道光二十六年十二月初三日，卒于民国十一年四月二十九日，十八岁入蔚泰厚号住北京，光绪二十四年为经理住平遥，反对以票号改银行甚力，因蔚泰厚有五联号，而皆以毛鸿瀚之马首是瞻，故经其反对而银行未为改成，详见李宏龄的《山西票商成败记》。其子毛祖砮已故，其孙毛汝涧现年二十余岁，在太原平民中学读书。

（九）协成乾广东分庄老板马应彪

马应彪榆次城内人，曾为太谷协成乾票庄广东分庄的老板，其事略如下：

……每以胞兄勤商，不敢自逸，辄央求父母早寻糊口所及就业于谷邑……值票庄日盛，公专心乃业，客游四方，远则万余里，近则数千程，所至之省会，上至督抚，下至典吏，无不晋接……于同治辛未（十年）岁于岭南羊城，适遇素日交易之贾人马阿相，缘有同街人以人命事陷害，一家男妇五人，以系据在狱。公以其人素行安分，暗求抚宪，缓此严缉，后真犯果获……庚午（同治九年）岁公赴岭南，路经上海，适发逆扰乱，江南年饷，碍难转运。公协力汇运数十余万，兵得足饷，功获告成，兼蒙广制台瑞公保奏以公中宪大夫，晋封资政大夫……公享寿六十八岁……光绪十八年……（马公《墓表》）

（十）志成信经理齐梦彪

太谷志成信票庄经理齐梦彪，字炳南，山西定襄人。其事略如下：

君父赞臣先生馆于太谷之孔氏。君年十六，赞成先生偕至太谷。时山西票庄遍天下，而总庄皆在太谷、平遥、祁县三县，故操是业者率为三县人。赞臣先生挽其馆主，荐君于志成信票庄，省北人之得入票庄，自君始也。司事者难于相拒，不得已诺也。君知己在票庄与同侪不得并论，非勤敏特异于人恐总不见容，故劳苦之事，不待司事者命，辄先同侪为之，夜静事毕，苦学以补其不足，遂为司事者所重，乃特派为京庄之司账者。君益加谨慎，出入簿籍，全无遗误，凡往来信件及交涉诸事庄胥咄嗟立办。继又调往广东，时交通不便，且以北人而往烟瘴之乡，家人多代为危。赞臣先生曰："吾因知此去之冒险也，然谚云：不受苦中苦，难为人上人。吾家食口繁多，而所入不丰，终不免有冻馁之虞，子能于票庄中得有股份，全家方可保全耳。"君奉命而往，毫无难色，至则居处甚适，且加健也。历十余年而赞臣先生离世，君闻之惊痛，几不欲生，而函中附遗嘱并慈命不得奔丧，违则为不孝。盖票庄向例，庄伙驻外，归有定期，不及期而归，胥没其前此之劳，复从新起算也。君于志成信票庄，更迟两年，便可得有股份，故函命及此。君重遵亲命，忍痛从事。届期始归而葬父，果得列入身股二厘，而升为广东之执事。厥后以驻北京为最久，天津、上海亦各驻三四年也。凡君所驻之庄，获利常丰于他埠，君以是亦渐起家矣。总庄有典肆在热河、建昌，多年不振，庄中人若忘其为己有者，君自请往整理。之后年可入利数万金。恒居于庄事外，好浏览中籍，得与士夫游，清季中朝大员如翁公叔平、李公荫池、世公博轩、郊公琴轩，俱称之为学识兼优云。庚子之役，君斯驻京，以庄存海关巨款，约同人以死守，屡遇非常之警，从容应付，了无惧色。至西后及清帝出狩，始谓同人曰："人孰无家，前此之强诸君勿去者，恐贻总庄以丧失库款之咎，今朝廷且弃城而走，吾责尽矣，曷谊此危境乎。"徒步归里，途间焚掠之余，村落为墟，绝食数日，采生瓜及野菜以充饥。和议成，以资当为全庄经理，让之再强而后可，坐镇筹策，同人无不悦服。然终以家已小康而母老，长此外出，恐更蹈前之覆辙也，于宣统三年正月决计辞庄事归家养母焉。至八月而武昌举义，诸票庄均遭抢掠，冬月而志成信亦遂辍业矣。君闻之太息曰："盛衰得失，理之固然，窃不料票庄之失败若是之速耳。吾数十年苦辛所得，尚有数万金在志成信，今殆已矣。"然终不戚戚于怀也……（《齐老先生炳南事略》）

（十一）调度适当使票号保存至今的高钰

山西票号现在仅存日升昌、大德恒、大德通三家，但日升昌已改为钱庄，名存实亡。大德恒在山西祁县已无老号。惟祁县之大德通尚保存至今。大德通所以能保存至今，其原因有二：一为乔姓股东殷实富有，对于大德通可以维持，二为经理高钰调度适当。按高钰字子庚，系祁县子洪镇人，生于咸丰四年五月初六日，卒于民国八年十月二十三日。其事略有大德通贾家鼐作的《高子庚翁传略》云：

……以家道中落，遂改儒经商，在大德通票号服务垂五十载，而执号权者二十五年……当庚子拳匪之乱，公以邪教必为召祸之由，于是事前计划，亟将各庄之款，多数调回。一方命阖号同人皆读《中庸》《大学》，盖取正心修身而杜邪教之义。其调款者预备两宫西幸之要需也，由斯大德通三字声誉日隆。自斯以后，票号之盛，已达极点，仅大德通一号，而架本竟达七八百万两之巨。其时票号普通潮流，习尚奢侈，大失常轨，独公则黜华崇实，不为习俗所移，且益加慎敏，延名师教育青年伙友，讲名著培养立身基础。至于办理各事，严名果断，以浩气举事，一片纯诚。同事有所条陈，必详审裁决，一秉至公，俨若一家。并手定章程，以身作则，故号规整饬，伙友循谨，为他号所不及。嗣至清末庚戌，清廷命瑞澄制两湖，公觉清室无人事必大变，故毅然决然，预作保守主义，力还外贷，以减架本，而实行收敛。当彼时人多议公与求利之道背谬，殊不知卓见独到，纯为避害。其收敛之计划，甫办理就绪，而辛亥之变即于彼时实现耶。其他各票号犹然做梦，毫无准备，故多纷纷失败，相继倒闭，惟大德通则处之泰然，其能至于今屹然而立者，实由公防患未然，布置得法，而定不拔之基业，且能人尽所长，与夫和衷共济，继任者得人之效耳……庚子拳匪肇乱时，有逃避难西女八九，经子洪，遽为拳匪所困，势将寻衅。公在城闻知，速与署通信，始派马队护送出境。是役也，全活性命，为地方息祸，功莫大也……

（十二）各票号经理事略

1. 蔚盛昌京庄经理雷士炜之自述

平遥蔚盛长京庄经理雷士炜，字端卿，平遥城内人，现年五十六岁。据其自述，其中有两事可注意：一为庚子失账交款事，二为歇业时使不失信于人。兹录其自述于下：

鄙人在蔚盛长营业，前后共计二十七年。本号原以绸缎为业，东家系山西介休县贾村侯姓，又平遥县普洞村王姓。该两东股本共系十四五股，尚有小股东数家，统共股本二十余万两。号长郭存祀，系汾阳县人，才识高超，将本号于道光年间改做票庄矣。鄙人进号之期，系光绪二十三年八月间。二十四年二月，老号委去北京住班，委办钱账，管理银库。二十五年，委管大账。二十六年，遇义匪扰乱，被抢不能立足，伙友相伴逃难回平遥。后京庄经理亦带账回平老号，路经保府，逢遇土匪，将银两账簿完全抢去。光绪出京，陕路过平遥，随驾官员等，内有往来者甚多，取用路费者不少。因经理将账簿遗失，无从稽考，委鄙人在平设立京庄，支应往来者收交。幸而鄙人在京庄司账年余，忆及往事，虽不敢云熟烂胸中，惟赖平素自觉，才识疏浅，极意谨慎，尚有影响于怀也，如是数月之久，始将一切账簿完全修集。二十七年五月间，相伴刘经理赴京续办善后事宜，如集各往来，叮对往来数目，竭力救济还款等事。二十八九年委办管信兼管交际事。二十九年下班归家。三十年二月又委到京充当副经理，策筹调庄各事。三十三年五月间又下班归家。宣统元年三月间又委到京仍充副经理三年。民国元年回平，适系账期，蒙东掌厚恩顶股俸二厘。民国二年五月间老号委去上海充当经理，每年收交不下千数八百万元，同伙共三四人。民国三年，遵号命由上海调驻北平。数月仍回上海。嗣后京庄经理告退出号，上海、北京两处悉归鄙人经理。京庄人位只住七八人，每年收交亦在千数八百万元，民国三四年各省钞票低落异常，将屡年积金完全亏损，因而各庄营业停止。京庄营业向来萧条，只有存放贷款，少出银票，虽然赔业，总不肯失信于人。迨至民国五年，与老号东掌磋商办法，以信义为重，委依庄外该之款，除抵补各庄贷款外，有余尽数带京清理贷款，与债权人和平商酌，数年之久，完全了事。民国十三年回平将手续交代东掌矣。

附《李凌昶事略》：

李凌昶，平遥达蒲村人，现年七十四，其自述有雷士炜，故附于此：鄙人在蔚盛长票号三十余年，在天津前后共驻十数年，后又在张家口管事四五年。民国五年票号息业，回平在总号住班。鄙号京庄该外债款屡年陆续还款外，尚有百十万之谱。京庄经理雷士炜驻京二十多年，对于蔚盛长息业之事真乃苦心，劳力谨慎，处处和平，对于债权东掌，未起冲突，办理八九年，和平了事。

2. 赵永深自述蔚丰厚之经过

赵永深，字逢源，平遥城内人，现年四十八岁，曾为蔚丰厚西安分庄司账。由其自述中，可以看出蔚丰厚在甘肃救济挤兑风潮以维持官钱局，并可知蔚丰厚改为蔚丰银行之经过。兹录其自述于下：

平遥票号，创设于清道光初年，资本金为十数万至二三十万两不等，均属独资或数姓合资，能以久存发达者，实因抱信义勤俭四字之宗旨，人位不得兼顾他业，专司其事。清代边省协饷，以及外交各省负担赔款，悉归票号承汇，操金融之枢纽。因此各省工商之发达，税额之增加，裕国便民。他省资本家，投资平遥开设票号者数家，如宝丰隆是也。又如安徽票号义善源，云南票号天顺祥，皆有我晋人经营之足迹。清代筹办大清银行，与同票号合办。民国成立，蒙南京留守黄克强先生，倡办同国家银行合作，经北京蔚丰厚经理李宏龄，前后两次联合同业举行合办，信电详呈，会议数次，奈资东守旧，经理等苦于学识，同业多家意见不一。后以山西省政府阎公饬令筹办省银行，经财政厅张瑞玑公派员来平调查，提出合办，仍属一二同业阻碍，均成空谈。民军起义时，土匪乘机抢夺，各号虽有巨款之损失，均属尚可自立。及后受时局影响，不能应潮流之变化，改良办法，唯一守旧，从此迁延时日，遂归失败。然虽如此，尚系有盈无绌，均属债务与债权之纠葛焉，此即平遥票号起源失败之大略也。

平遥县蔚丰厚票号开设于清道光十九年，资本金为二十万两，介休县北贾村侯姓独资，创办人阎永安（平遥城区人），设分庄于京津沪汉湘鄂赣蜀绥北陕甘新等诸省，共二十庄，专营汇兑款、放款、贴现，以及信托等事，无有附业。陕甘新等省为获利之地，京沪汉湘川绥等处为转运之区，初创时每年获利除开支外盈余三五千两，光绪间每年获利二十万两左右，四年结算，每份分红利万金之谱。光绪三十四年，甘肃大荒，各省募账百十万之巨，悉数陆续承汇。是年官钱局发生风潮，纸币兑现，维持无方，彼地票号共有四家，均各观望，后经官商邀请蔚丰厚经理张宗祺维持，遂即慨然应允，挺身担任，当即对众表示，负责代兑，随时解散纸币涌兑之风，不数日恢复原状。此甘人之所常颂，承甘督毛庆藩公嘉奖。至民国纪元，虽经损失，尚可照常进行营业。民四经北京蔚丰厚经理郝登五（平遥人）结合同志，随时局之变迁，改为蔚丰商业银行，遵章报部注册，为股份公司，集资三百万元，专办银行事业。对外则应付潮流，内部乃守信义勤俭之宗旨，以致易举，随时成立。民九，公推传善公为经理，扩充营业，召添新股，尤为特别之盛。经营七载，虽无红利之实现，尚无亏折。民十，受时局变化，宣告停业，全盘结束，悉归总行解决耳。鄙人于清光绪三十三年十月二十日经人介绍进蔚丰厚票庄学习，宣统元年四月份派西安分庄充任司账。辛亥民军起义，土匪乘机而抢，票庄之损失，同人之流离，各省皆然，相继逃回故乡。至民国成立，仍派西安办理善后账目事务。民四，改组银行，总行函令多住一年协办各事，充任经理职兼办交际事。民六，改派甘肃省分行副经理。民七，电令赴陇东办理支行结束事。民九，函委甘省分行经理职。民十停业。承甘省督省两长陆洪涛，陈二公一再维持，划分中立，另行复业。奈内部资本缺乏，总行积欠甚巨，难以进行，因之而罢。民十二蔚丰厚结束清楚，呈报总行。民十三回里。

3. 元丰玖股东孙淑伦事略

祁县元丰玖系咸丰九年成立，故名曰元丰玖，其股东孙郅系祁县南二十里孙家河人。其谱系如下：

孙高山——旺庵——有龄——陈笏——郅——淑伦——继先——廷瑞——步成

孙高山生于康熙十五年，卒于乾隆二十三年。按孙高山墓碑云："家道中落，未有厚产……乃走关东，经营生业，渐积万金，土人建起关帝庙，施银八百两……"相传李自成失败路过山西，以银埋入土中，孙高山家得其银，但按此墓碑云家道中落，其银当非孙家所得，余疑为祁县戴廷栻家得之，详"历史部"。按旺庵生于康熙五十四年，卒于乾隆五十年，有龄生乾隆丁卯，卒嘉庆戊辰，赠荣禄大夫，陈笏候铨通判，赠荣禄大夫，郅号荫槐，封荣禄大夫，户部江南司郎中，加盐运司衔，赏戴花翎加布政司衔。票号东家多富有，故多捐官，孙氏其例也。孙淑伦有碑志，虽未言票号之事，而言捐官捐款者，可作票号史之参考。兹节录如下：

公讳淑伦，字仪斋，仁圃其号也……稍长治卿公以捐数多，移奖公中，并请赏戴花翎……同治七年河防孔棘，大吏委员劝捐，公慨然输银二万两，以助军饷，不邀奖叙。大吏催其详请，公悉移奖其亲支。光绪三年晋大饥，哀鸿遍野，公急赈济，出银一万六千两……复出米数千担，护救村人……生于咸丰元年……卒于光绪五年……子男一，继先……

孙继先娶平遥日升昌股东李箴视之女为妻，是当日票号之东家，多结为亲戚以便互相联络。孙步城现年十九岁，在平遥经商。

4. 百川通汉口老板任立诚

任立诚，字实甫，平遥人，先为天成亨广东老板，后为百川通汉老板。生于道光二十七年，卒于光绪二十八年。有任君行述一书，但其中对于票号事为少。兹据其子任汝梅（曾在协同庆票庄为伙友）所述之传于下：

……后在天成亨住北平，犹昼夜看书写字，到梧州遇庄首郭经赏，聪明正直，随拔荐代庖，驻粤垣，系一人独办，连任五年，比他人获为厚，斯声名洋溢，同行争相延聘，本号中途加薪，旋列俸股。在两湖有总督小舅负票行款项小偿，先大夫偕蔚泰厚宋星垣直入督署内室执其人不放，始得归赵。又路见前同事刘某已用号款纳资入宦，强迫归还，主任张某开出千两欠条，守候提取。张求先大夫撰就呈状，又剀切告诫，竟将票销。在凉州兼管甘州，并截收西安倒账一项，系于席间听得某布客云老有难支之势，因亟寻该客，收买其布。起货方毕，该老号事坏，所欠亨记之款，告明以收布抵欠外，给川资百金，着其速走。越日众债权得信，已是风去台空。又首县某令欠号银万两，久假不归，系用感化之策不时馈赠。待其觉不安，设法收到。在重庆以墙壁凿一后门，人不知是何用意，遇遭栏门之火，借后门以搬运，得免于灾。重庆为繁盛之区，旧人获利千两上下，调先大夫至，一年而赚二万以外，于理应为懋赏，不料未届假满，遇谗出号。总理数请再起，坚决不允。他号来聘，亦俱谢却。息影年余，百川通雷掌柜时有关谊之情，以处友相邀，不得已而勉就。到汉口，恰遇上海交洋款期，明知汉口银根奇紧，故意向汉屡索巨款，使炊无米之粥，经总号一面电阻，沪号一面嘉奖。先大夫云，若非老练善于调剂，则招牌不保。后移桂林省垣，能将别家与当道素有往来业经批汇兑之款，求上夺出。又账庄罗义昌系东家管事，来与通记定汇款，索先大夫之砲，慨然解赠。此克己益公为同人所崇拜，故结利为票行之冠，竟惹起土匪行抢之谋。幸早得风声，即请到陇军弹压，赖以无警。下班后又与平号解一围。原系有人持通记昔年所汇兑八千金之票，早经交银，遗忘收票，司事等理论无效，许给千余亦不应。先大夫令于辨真赝之际，即行勾销，伊乃无法滋闹而走。此随后应变之卓著者……

5. 邵雍宗事略

邵雍宗，平遥人，现年五十一岁，系主张由票号改银行李宏龄之甥，为蔚泰厚辽宁分庄贴办账务。其所述之事略如下：

雍由李子寿君于光绪二十八年荐进蔚泰厚票庄，在平遥贴办账务。三十二年由平遥到北京。在京数月，由京调奉。杨松龄为奉天分庄经理，委派雍经理信稿，誊录账簿。蒙君诸凡提拔，在奉四年，回平贴办账务，尽心竭力，不负所托。余号初起时，在道光十数年间，初开设账庄，财东侯建某介休贾村人，毛鸿翙君改做票庄经理，平遥邢村人。毛以后范友芝，平遥西小巷人，范以后赵星垣，介休张垣村人。赵以后毛鸿瀚，平遥梁村人。毛以后杨松龄，平遥曹村人。余号人银股六十余股，每股本银七千两，四年一账期，至多开一万二千两，普通五六千两。杨君为人慷慨，品性端方。俟后民国五六年间，联号累，倒闭歇业……

6. 宋三氏传

平遥梁赵村有宋氏三人俱做票号，一为宋聚源，字达泉，为其昌德经理，生于道光八年，卒于光绪二十三年。二为宋聚奎，字星瑞，宋聚源之弟，为蔚泰厚副经理，生于道光二十五年，卒于光绪三十四年。三为宋桂华，为宝丰隆自流井分庄老板，现年四十余岁。兹据宋桂华所撰之传略，节录于下：

(1)宋聚源

为家计所迫，弃官就商。住平遥其昌德，最为年久，而德记名虽布庄，兼营汇兑。先父为该号主任，不时出巡苏州、汉口、镇江等处。清光绪十年镇江分庄为王姓管事，该处后庄周凤笙受陕帮西广顺倒庄影响，口载王管事承荐，以此缠讼二年，悬案未了。先父复亲赴镇，始克结局。因此号中汇兑业夹赔颇重，撤庄歇业，本尚未亏。先父心机大费，辞退回家……平遥协同庆票号经理刘肃斋公与先父素善，以人力四厘进该号，委驻兰源州等处管事，获利丰厚，账期变加二厘，适其昌德之东冀君，系介休县北辛武村人，意欲复业票庄营业，派王曹二人到舍要求进号管事，先父答冀虽是旧东，而刘公厚待，难以启齿。时刘君病故，王曹二君力劝辞就，否则德记票业不复，众皆失业。话至此义难固辞，不得已辞庆记而就德记。接设汉口、西安、陈西等庄，顾全众生，以副冀东盛意，各埠跋涉，定章立法，统筹全局，账期开设二千余金，较前丰厚。卒以辛苦劳积而病……

(2)宋聚奎

……住蔚泰厚号三十余年，初顶人一厘，为人精明强干，胆识出众，外庄结帮，结利超群，因而连账变加，至清光绪二十一年算账，年才四十八岁，人力已达九厘，位至副经理。溯光绪初年，湖南饶太大倒票号之账，蔚泰较他号尤其少数。饶某神通广大，票庄告通三宪，虽有通饬，久无办法，平遥蔚泰厚总号派先叔赴湘追时，克就道，至湘时众皆束手。先叔颇自能文，集众聚会磋商办法，公议再行票催二司，仍无结束。先叔对众宣言曰："饶某神通广大，余票商账要在湘了，诚恐难乎其难，非到两江总督衙门不可。"大家甚为赞成，公推先叔为首领，同众直赴南京两江总督衙门哭诉多次，始行结束此事。前后经办七年，不能回家，其中困苦，笔难尽述，总号甚为青睐，声名益著，他号亦目先叔为中坚人物。其后调往汉号管事，共属蔚泰南省码头，总号信告，悉听先叔就近直辖。甲午年，蔚泰沈阳管事赵姓出放外账一十万两，无法收结，不敢回平。平遥总号三次派人接帮，收索未能了理。总号与先叔致信汉口，调赴沈阳，收结账款，调赵回平。先叔有先见之明，虑己身弱，恐难当此重劳，却之不忠，允之身必罹疾，犹豫未决，行止不定。先叔事母至孝，事兄至恭，时先父复其昌德票庄之业，出巡在汉，先叔前趋请示，先父告以太义，号事为重，应尽之忠，不及顾身。先叔听从兄命，即行就到。到沈不数月，收回银一十六万两，偕赵回平交代，东掌大嘉赞。此款既收，名誉益扬，凡为票商者莫不崇拜其功能。而心力已尽，身体疲弱……至平遥总号告辞……未几恭奉清慈禧太后旨开票号，密令铁路总办燕谋御待冯莘垞，转命先叔经理其事。先叔以有病难胜重任，向张冯二公善为说辞，蒙准谢恩回里，给盘费银五百两，璧谢未收。光绪二十二年，介休县洪山村清直隶补用道乔英甫、陕西藩台许涵度等，集资本银二十六万两，欲任平遥开设会票，请先叔为经理。乔公到舍数次，先叔以老朽推辞，而乔公因莫逆之交，直谓我们请者，独因才高，且为老练，强迫要求成全，以顾家生。说至于此，先叔勉强答应，遂为开始组织，以银一万两作银俸一股，每股跟副本银一万两，永远不准动用，共计正副资本银二十六万两，作银俸一十三股，东君委先叔为平遥总庄经理，先叔顶人力股一俸二厘。票庄经理今昔皆以一俸为度，独先叔一俸二厘，比众特殊。东伙公议，人银股俸，每股以银四百两应支，归平遥总号出账，四年清算大账一次。外庄同人皆有衣资，以备在外穿衣服之用。管事者每年一百两，副帮八十两，伙友四十两，一律号中出账。住外庄之伙友，不论老帮伙友，皆以三年一班，至期由平派人调替。各埠分庄十六七处，请进伙友三百余人。负才能而不遇时者，先叔大股重聘，各显能力，获利数十万两。宣统二年清算大账，除撇疲账外，每股开银二千六百余两，票号利益虽厚，然其始创，到处化款疲重，初账而能开股者，独宝丰隆，亦皆赖先叔多用才高人之能力也……

(3)宋桂华

华一十六岁，就平遥蔚泰厚票庄练习，期满，派赴上海码头住班，沪庄管事吩咐司账，即今之会计，次年转为管信，不数月又委上街营业。二十六年拳匪闹乱，总号致信各分庄暂停营业，而各庄银两无处安顿，同帮各号皆由上海起现镳银一百数十万两，为数蔚泰厚居多，公共派华送平，权作下班，沿途幸获平安，到平遥为交代。住家数月，班期将满，沪号管事与总行写信要华仍到上海住班。总号因烟台分庄无利，信饬收庄，已经二年，不能清理，特派华先行到烟收庄，然后赴沪住班。至腊月间即收清楚，赶到上海住班，住满三年下班，因调替沪管事若与沪旧管事者冲突，华即借口以家母身弱常病，欲在家孝养，告辞出号。就百川通票庄，派驻汉口分庄，仍供上街之职。光绪三十三年宝丰隆东君乔英甫公到汉，因隆记初创，搜拢人才，庄多人少以人力四厘请华回平进号。华下班回，辞却百川通，以人力四厘就宝丰隆票号，东掌分派入川查察，查毕俱报。后遵总号之命，至自流井分庄接帮管事。住甫一年，而曲沃分庄倒账一万余金，总号又改派华前往索讨。华以疲事隔手，如何能办，杨经理许加人力二厘，只得前去。至沃访察该账之家住曲沃，资产皆在湖北钟祥县境。其时为民国二三年间，大局虽定而地方小冲突不时发生。华在枪林炮雨之中，奔走鄂沃二年有余，将款收清，回平交代，而各票庄损失日甚一日。各号掌故步自封，皆在奄奄一息之际，有志变通者，虽欲恢复而已毫无实力，只好辞退出号，任其失败，徒呼没奈何而已。

7. 天成亨分庄副经理史梦麟事略

史梦麟，平遥汪湛村人，现年四十六岁，曾为天成亨分庄副经理，兹节录其传略于下：

……宣统二年经商本县城内西大街天成亨票号练习生。其时总经理周君敬斋本县游驾村人，协理范君子生祁县高城村人。辛亥年冬蒙委出庄，历住北平、天津、汉口、西安、甘肃、察哈尔等处，管理会计文牍，后充分庄副理。辛酉年秋，号中因受本地钱铺贷款亏累，即行停业，复兴无望，改就本县会井火柴公司。按天成亨创设于道光年间，原属天成绸布贷行，其始总理难于稽考，但同治初年者总经理为本县北娃庄武子建，协理城内侯王鸿字怀仪。二君对于商业素有大志，故步日升昌等数家后尘，亦于同治三年改组票号。武君结束贷业，公举侯君为经理，原初财东介休县张兰镇马辙林家道渐贫，另添介休北贾村侯家资本银五万两，共作银股二十股。马三股，侯十七股，每股银三千两，人力股共七股多，改牌匾曰成亨，票号设分庄于北平、天津、两湖、陕、甘、川、汴、新疆等省，即各省辖繁华区域十八九处，用人百十余位，议定每四年算账一次。侯总理营业超群，持筹得宜，首次账期人股银每分利银一千多两，余数另作号中财神股俸，以后账期三四五六十千两不等。侯君故后，继举张兰镇张君树屏字建藩。戊戌之年，开过余利七千余两，银股倍为六千两，人力共加至二十多股。壬寅年人银股开一万二千多两。张君下世，又举周君承业字敬斋为总理，不数年即逢民国反正，时局大变，土匪蜂起，生意停顿，以致各分庄当地损失，钱贷庄歇业施累，惟汉口、西安、成都三处被匪劫现银百十万两。待至大局抵定，统算吃亏共在二百几万两，该外陆续归清，外该难指半数。总理等虽具经纶之才，亦不能如前施展，整理数年，难复信用。戊午年周君去世，又侯鸿仪翁次子定元字乙卿为总理，改组银号，经营三载尚够开支。不料辛酉年秋标，受本地钱铺，卖俄钞亏累，随后乙卿君谢世，从此歇业焉。

8.存义公股东张祖绳事略

余生于票号发展时期之光绪初年，家用颇丰，幼年父母见背，惟祖母是依，后以先父继二祖父嗣，于十五岁偕弟祖武改养于二祖母家；十六岁娶妻温氏，现生四子四女；十九岁入泮，即于是年相依为命之爱弟亦夭折，然时当满清变法改制，县中设中堂学，余专心向欧美科学者久矣，遂不顾家中之多艰，毅然入校读书。未及两载，二祖母亦弃养，家事繁积，因以辍学，及今犹觉为终身憾。第思已不能读书，不能不造机会令青年知近代科学，乃于光绪三十四年设立尚志小学于乡中，县族乡党之子弟多劝来读书，垂十余年。后以普及教书，每村必设立公立小学，又以家道不佳而停办。余一生抱两志愿：一愿仰不愧天俯不愧人，二愿得天下英才而教育之，惟愧多无所成就，此碌碌数十年经过，多不足道也。昭余张祖绳志于东阳翼村本宅。

存义公股东张祖绳，字墨卿，山西祁县东阳冀村人，现年五十六岁，上系伊之自述。

五　业　务

票庄的业务,要从各票庄的营业报告及账簿上并往来信件上可以窥知其概要,兹分述于下:

(一)票庄的营业报告

子　日升昌各地分号营业报告

引言

一、浦号　二、苏号　三、维扬　四、京都　五、天津　六、汴省　七、道口　八、西安　九、上洋　十、扬州　十一、浙省　十二、汉镇　十三、汉镇日升昌　十四、沙市　十五、长沙　十六、广西　十七、梧州　十八、营口

日升昌本号在山西平遥县,分号遍设于各大都会。每年冬月间,分号均有全年营业报告书送至本号,名曰总结账单。今收集咸丰二年浦号,咸丰六年苏号,同治六年维扬及光绪三十二年丙午(一九〇六)该号各地总结账单十八份,存其格式,并可由此看出各地营业繁疲之大概。

总结账单首载上年结存款额数,次分四项记载全年收交汇票总数及营业收入出付总数。收交会票总数或记一总账,或亦分别标明来往各号之详账。收入各款,以汇费及放款期利为主,贴费及得色费等次

之；出付各款，以贴费、存款、期利、房租、日用副食、人情等为大宗。惟道口、营口二庄，系于光绪三十二年新设，故总结账单之首并无上年结存款额数，径以全年收交会票总数开始也。（道营二庄，均于是年新设，故出付款项中均有置买家具费一款。）

汉口一地，除分设票号之外，另设一局，专收买西碌，名曰汉镇日升昌西碌局，今亦收录总结账单一份。

除总结账单外，日升昌各号更有"未收交会票花名折"及"存款借款花名折"报到平遥本号，所有材料，当于次期赓续发表。

一、浦号总结清账（咸丰二年）

元年冬月底起至二年冬月底总结

1. 收项

一宗元年结存本平足纹银　一七九七.六三两

一宗共收各处会票本平足纹银　一八八七八八.七二两

计列（花名原在账后，现列于兹）：

（1）收平会票　三六三二一.二四两

（2）收京会票　四七八四九.一〇两

（3）收苏会票　二八一三〇.六五两

（4）收扬会票　三五五三五.五九两

（5）收陕会票　二八〇二七.二八两

（6）收汴会票　九五一二.四四两

（7）收江会票　一六九八.〇六两

（8）收长会票　一一九一.四七两

（9）收汉会票　二三六.七五两

(10)收广会票　六一.〇四两

(11)收重会票　二五.一〇两

(12)收成会票　二〇〇.〇〇两

一宗除付外,净得现利银三七四四.七二两

一宗共余平色银　一二一八.五二两

四宗共合收本平足纹银　一九五五四九.五九两

2. 交项

除一宗共交各处会票并发扬标足银　一八八八〇〇.三四两

计列(交银花名亦附在后,现列于兹):

(1)交平会票　三二〇三.二四两

(2)交京会票　二八六五九.七四两

(3)交苏会票　三一九一四.七七两

(4)交扬会票　一〇四六六一.〇六两

(5)交汴会票　一四七六四.四六两

(6)交江会票　三六一二.七七两

(7)交陕会票　一六二二.二四两

(8)交广会票　一四二.五五两

(9)交汉会票　一二四.四一两

一宗借贷账除外该净该外在账利银　七一四.一六两

一宗房租伙食杂使疲　九六一.八九两

一宗撇春和钱店疲账银　二八五.〇〇两

以上除讫净该存本平足纹银　四七八八.三〇两

3. 计开实存

一宗现存扣实定银　一〇九四一.五六两

一宗外该借贷本平足银　七五〇〇.〇〇两

一宗外该在账利银　二六一.七二两

一宗家具作本平足银　一〇〇.〇〇两

4. 计开该外

除一宗该外借贷本平足银　一三〇三九.三〇两

一宗该外在账利银　九七五.八八两

以上除讫,净合结存本平足纹银　四七八八.二〇两

附录

外该借贷处(原在账后):

郁丰号二年正月十六日借去本平库宝银　五〇〇.〇〇两(月七厘腊月还)

丰兴典二年四月初五日借去本平库宝银　四〇〇〇.〇〇两(年七厘对年还)

裕泰典二年四月二十三日借去本平库宝银　一〇〇〇〇.〇〇两(月六厘十二月还)

德馨堂二年十一月初一日借去本平足纹银　二〇〇〇.〇〇两(月八厘二月还)

该外借贷处:

畊丽堂二十九年闰四月十七日收借来足纹银　一万两合宝平一〇〇二六.〇〇两(每百大二钱六分月二厘)

白海峰二年二月十五日收借来足　纹银三千两　合宝平　三〇一三.二〇两(每百大四银四分月三厘)

二、苏号总结清账(咸丰六年)

咸丰五年十二月初六日至六年十月底姑苏日升昌记总结

1. 收项

一宗收原带来平铺足银　二二〇.〇〇两

一宗收各处会票足银　一五三三一五.三九两

计列(花名原在账上,现列于兹):

(1)收平会票　一七〇一.七〇两

(2)收京会票　四八五三五.三四两

(3)收泾会票　九〇五四五.八五两

(4)收沙会票　三五〇九.一〇两

(5)收成会票　七〇一八.二〇两

(6)收重会票　二〇〇五.二〇两

一宗收贴费足银　三三四〇.八九两

一宗收捐项余平色足银　八八二.〇二两

共合收足银　一五七七五八.三九两

2. 交项

除一宗交各处会票足银　一四九八八九.四二两

计列(交银花名亦附于后,现列于兹):

(1)交平会票　九一五四二.九二两

(2)交京会票　五六七四七.一四两

(3)交汴会票　一五九九.三六两

一宗二三四五年房租足银　七〇七.五三两

一宗当年房租日用副食足银　八九〇.八一两

共合交足银　一五一四八七.七八两

除交净结存平铺足银　六二七〇.六三两

三、维扬总统账（同治六年）

五年十月至六年十月底总结大吉

1. 收项

一宗收平会票足银　一六六九八.〇〇两

一宗收京会票捐项本平足银　一二八六五四.四四两

一宗收津会票本平足银　二〇〇.五二两

一宗收汉会票本平足银　七九一八.〇七两

一宗收沙会票本平足银　一.四三两

一宗收当会票本平足银　二〇六六七.七〇两

一宗收广会票本平足银　二六二五六二五.七四两

一宗收洋会票本平足银　二九六一四.二四两

一宗收苏会票本平足银　二五二七四.〇八两

一宗收杭会票本平足银　五三四九.六五两

一宗收汴会票本平足银　三七五二.八二两

一宗收原会票本平足银　二一一六.八〇两

以上十二宗共收会票本平足银　三二四一三二.五〇两

2. 交项

一宗交平会票本平足银　一五五七.四五两
一宗交京会票本平足银　三三二七.八六两
一宗交津会票本平足银　一二三.〇〇两
一宗交汉会票本平足银　五八二六六.七六两
一宗交沙会票本平足银　一六二五.四七两
一宗交湘会票本平足银　四八八一八.九〇两
一宗交长会票本平足银　四二六三六.〇八两
一宗交湘会票本平足银　一〇六四二.四〇两
一宗交广会票本平足银　五三五四.九七两
一宗交洋会票本平足银　一八六三一.四八两
一宗交苏会票本平足银　一〇三八五三.九七两
一宗交杭会票本平足银　九七.八六两
一宗交汴会票本平足银　二八〇八.三四两
以上十三宗共交会票本平足银　二九七七四四.五四两

3. 收入

一宗收得贴费本平足银　七〇八三.六七两
一宗收得捐项余利本平足银　八三.〇〇两
以上二宗共收本平足银　七一六六.六七两

4. 出付

一宗出贴费本平足银　九〇八.八四两
一宗出房租本平足银　二〇〇.〇〇两
一宗出伙食杂使本平足银　一一五〇.二二两

一宗出大鼎记来扬盘费本平足银　一五.二二两

一宗出账簿信封书格纸本平足银　五.八六两

一宗出领饷运库总局人役小费本平足银　四二.〇八两

一宗出往苏发客往来盘费水脚本平足银　五六.五七两

一宗出往靖江送张希戴灵柩本平足银　一四.八〇两

一宗出房东贴门上更夫工价饭食本平足银　五一.七八两

一宗出伙房用人工价本平足银　八四.二〇两

以上十宗共出本平足银　二五二九.七七两

一应除讫　蒙

天庇,获利本平足银　四六三六.〇两

统共结存平铺本平足银　三一〇二四.八六两

四、京都日升昌记总结账单(丙午冬月底上平号)

自三十一年冬月底结账共长交平铺本平足银　七一七八九一.五三两

1. 收项

共收各处会票本平足银　一二四七四一二.六五两

2. 交项

共交各处会票本平足银　一二四六九四八.六五两

3. 收入

贴费现色　六一八八.七五两

通年汴来标得色　二一四.〇〇两

通年得色短日利　一六六二八.七三两

通年捐利平余部费　一二一五.二五两

4. 出付

贴费现色　一二三二.八一两

众官场并各号通年短日利　四六四五二.五四两

汴来标标资短平　七三八.三二两

国民捐并助晋学堂经费半日学堂经费　二〇五.九二两

通年房租　一五〇.〇〇两

各处寄信照资号役工银交库杂费请客酒席

电费缙绅水局布施针工杂使　一五一一.三四两

日用副食　二二六七.〇二两

一应除讫,净缺本平足银　二八三九一.二二两

统共净合长交平铺本平足银　七四五八一八.七五两

一宗该外借贷并存票等足银　七四五八一八.七五两

共交平晋会票本平足银　四一五六七.四六两

共收平晋会票本平足银　二一八九六四.六一两

五、天津日升昌记总结账单(丙午冬月底上平号)

自三十一年冬月底结存平铺本平足银二七一九七四.八九两

1. 收项

共收各处会票本平足银　八五〇一三三.一〇两

2. 交项

共交各处会票本平足银　八九五七八〇.二七两
除交连原结存净合长收本平足银　二二六三二七.七二两

3. 收入

会费　九五七四.二八两
期利　一九三五七.一一两
通年现色并余利　一三三八.八七两

4. 出付

贴费　五二八.一六两
官场存款期利　四五二九.六二两
通年铺捐　二六七.〇三两
通年房租　六四〇.〇〇两
整理房屋　五四.三三两
电费信资人情布施请客酒席号役针工等　一二七六.二八两
日用副食杂使　一九一四.四一两
收付两抵,净赢本平足银　二一〇六〇.四三两
统共连余利净合结存平铺本平足银　二四七三八八.一五两
共收平会票本平足银　五五二三六.〇八两

共交平会票本平足银　四五九六九.五〇两

六、汴省日升昌总结账单(丙午冬月二十日上平号)

自三十一年冬月底长交平号本平足银　五八六七七.三三两

1. 收项

平会票　六四九八.九〇两
京会票　一九一九三八.七九两
津会票　一一〇〇四五.二六两
洋会票　六一四七四一.三二两
扬会票　一八八三五.七四两
杭会票　三八六〇.〇九两
广会票　三四八五.六九两
桂会票　一九三四.五七两
梧会票　一〇九.七七两
汉会票　四八九一〇.〇四两
长会票　一五六八.三五两
湘会票　四.九〇两
重会票　六四六四.一〇两
成会票　三〇七八.二五两
西会票　三四二七六.一九两
周会票　一四二五三八.六五两
共合收各处号会票本平足银　一一八八二八四.六一两

2. 交项

平会票　一七九三七〇.四〇两

京会票　一八九八八六.九七两

津会票　二一三六四六.七八两

洋会票　五九三七〇.〇五两

扬会票　七六二六.三一两

杭会票　一六九八.二一两

广会票　一五三六.六三两

桂会票　三〇一.二〇两

汉会票　二〇四九四三.三二两

长会票　一五〇五.三五两

湘会票　三〇一〇.八〇两

成会票　四四二.三五两

西会票　一〇〇五三五.四三两

周会票　二四七六七二.二九两

共合交各处会票本平足银　一二二五三七〇.一〇两

收交两抵净合长交本平足银　九五七六二.八一两

3. 收入

会费　一〇〇二〇.四一两

结汉短期利　一五二五.五〇两

道德会费　五二四一.九〇两

共合得本平足银　一六七八七.八一两

4. 出付

众堂名通年存款利　一一六四五.六八两

居易堂通年房租　二五八.四五两

通年领会[京/洋]各款藩聂军等房花费　二八八.九四两

出撇上蔡县知县吴蔚彬疲账　九四九.〇五两

本会馆太汾会香资写捐京城幼稚学堂经费等　六七一.〇四两

美国旧金山华侨赈款应酬各项礼物京结交[内务府/练兵处]银　三二七.五〇两

兑[汉/洋]交赵渐云等洋钱　一〇二五二元上贴费并汉贴结色　一四八.〇六两

电费邮资号役工资请客酒席人情布施纸张针工等　一八一一.二五两

日用副食杂使等　二九九三.二七两

道号修理房屋置买家具并去年在道花费通年房租标资　一〇三一.九五两

道号请客酒席会商推派号役针工邮电赛费日用副食杂使　一三八七.二六两

共合出本平足银　二一五一二.六六两

收付两抵,净亏本平足银　四七二四.八五两

统共除讫,净合长交平号本平足银　一〇〇四八七.六七两

共[收/交]平会票本平足银　六四九八.九〇两
一七九三七〇.四〇两

七、道口日升昌记总结账(丙午冬月二十日上平号)

自三十二年正月设两原结存一本万利

1. 收项

周会票　四三七〇〇.五〇两

汉会票　三五二一.三八两

西会票　二六六七七.九二两

汴会票　一六一八七〇.五三两

杭会票　八二三.六一两

京会票　八九八二.五二两

津会票　二二二七.七二两

共合收各处会票本平足银　二四七八〇三.九一两

2. 交项

平会票　一一一一八.二〇两

津会票　七九二六〇.一五两

汴会票　一五六七二.五一两

周会票　一六三二七.七四两

洋会票　四五二七.九〇两

京会票　一五〇四.〇二两

共合交各种会票本平足银　二二八四一〇.五二两

3. 收入

会费　五二四一.九〇两

共合收本平足银　五二四一.九〇两

4. 出付

修理房屋置买家具并去年在道花费等　八三三.〇四两

通年房租　八六.九二两

汴来标标资本　一一二.〇〇两

请客酒席商会摊派号役针工邮电寨费　五八八.三一两

日用副食杂使等　七九九.一六两

共合出本平足银　二四一九.四二两

收付两抵净赢本平足银　二二二一五.八七两

统共讫,净合结存平号本平足银　二一五.八七两

八、西安日升昌记总结账单(丙午冬月底上平号)

自三十一年冬月底,净合长交平本平足银　一二四七五三.〇一两

1. 收项

共收各处会票本平足银　五六三四七九.二九两

2. 交项

共交各处会票本平足银　六三七五四.〇三四两

3. 收入

西得会费期利　三七八二.六三两

原得会费期利　四四一八.三四两

4. 出付

西付外期利贴费　八八一九.〇二两

西收布平应赔　一一七.三九两

西送原票资克费　二八二.四〇两

西捐修会馆　一五七.一八两

汴来标标资短平　七六〇.五八两

西通年房租　一三七.五四两

西寄各庄电费邮政信资　六八.五六两

西日用副食换钱杂使人情布施信力电张请客酒席针酒工号役工资　二八四九.七八两

原付外期利克费　一三四三.八二两

原平/汴来标短平火耗　二五四.八七两

原汾州社摊派岁修　二〇.一八两

原三原善堂捐输　六二.六〇两

原通年房租　一〇〇.八八两

原日用副食换钱杂使针工用人工资信力请客酒席人情布施等　一一六六.五五两

收付两抵净缺本平足银　七九四〇.三八两

统共连缺净合长交平铺本平足银　二六〇七五四.四四两

共收交平会票本平足银　四〇九九三.七六两
七三九三.三〇两

九、上洋日升昌记总账单(丙午十月底上平号)

自三十一年十月底净合长平铺本平足银　六三二一〇七.九〇两

1. 收项

共收各处会票本平足银　三二八五六三九.五二两

2. 交项

共交各处会票本平足银　三三一七二〇六.五三两

3. 收入

通年得会费　六〇九五.四〇两

通年得拆息短期利　二二五九九.六〇两

芜得会费　二四六.九三两

4. 出付

通年贴费(汉芜来现标暗平耗色等）　一六四七一.四〇两

余庆昌众堂名京成杭广号存款利　四四九三〇.七四两

短借钱庄等银拆息　二一七九.九一两

通年房租保险费　七九三.〇〇两

工所经费工部局捐布施电费信资人工等　六三三.九三两

副食杂使针工等　二七八四.七五两

芜贴费　一〇八.六一两

芜置买家具等　二六九.一九两

芜福预杂使并筹义局铺捐　四八三.九二两

收付两抵,净亏本平足银　三九七一三.五二两

统共除收净合长交平铺本平足银　七〇三三八八.四三两

<table>
<tr><td rowspan="2">共</td><td>收</td><td rowspan="2">平会票本平足银</td><td>一四五一〇三.九三两</td></tr>
<tr><td>交</td><td>二〇三九二三.四二两</td></tr>
</table>

十、扬州日升昌记总结账单(丙午十月底上平号)

自三十一年十月底结存平号本年足银　四八五四三.四三两

1. 收项

平会票　三五九三七.二六两

京会票　六五八二九.五一两

津会票　一一六三六.二二两

洋会票　一〇八九三九.二四两

杭会票　三三六二.六〇两

广会票　四七九二.五八两

桂会票　二四六六.一八两

梧会票　四七七.八三两

汉会票　六八二三八.六二两

长会票　一三二八三三.五二两

成会票　三七三五.四〇两

西会票　八〇六三.四〇两

汴会票　五八五八.二四两

周会票　四〇八六六.九五两

共合收各处会票本平足银　四九三〇二七.五五两

2. 交项

平会票　四四五二五.一二两

京会票　九八五〇.七〇两

津会票　一八八八.三七两

洋会票　七八七七九.七七两

杭会票　一一三七五.三三两

广会票　一六〇〇.三六两

桂会票　五一一一.六二两

梧会票　四八七一.九〇两

汉会票　七七六一五.八二两

长会票　一三九一六二.二八两

湘会票　二九三二一.五八两

成会票　二三四二.四〇两

重会票　五三〇.九五两

西会票　三三二.二四两

汴会票　一七〇九〇.九〇两

周会票　一三一三八.三〇两

共合交各处会票本平足银　四三七.六四两

连统共原存除交净合长收本平足银　一〇四一三三.三四两

3. 收入

贴费　三三一六.七〇两

期利　六一〇.一一两

通年轧息短利　八一五.二〇两

在账未得利　五四三.八四两

共合收本平足银　五三八五.八五两

清得贴费　一三三二.一七两

清得期利　八〇六八.八三两

清在账未得利　三七八.七五两

清得通年轧息　九六五.〇一两

共合收本平足银　一〇七四四.七六两

4. 出付

余庆昌利　八四〇.〇〇两

贴费清克扬贴平色　六七七.〇三两

通年房租　一七五.七七两

通年房捐　一八.四〇两

钱店短轧　一四七.三五两

江甘两县警察经费并粥厂等　五五.一五两

日用副食杂使号役工食裁缝针工等　二一五一.〇一两

共合出本平足银　四一六四.七一两

清上年在账未得利　一三二九.四〇两

清存款利　五五七八.五〇两

清贴费　一九五.五一两

清淮赈捐　七〇.四三两

清日用副食杂使号役工钱裁缝针工等　一五〇.四六两

共合出本平足银　八六七八.〇三两

收付两抵浮赢本平足银　三一八七.八七两

统共连利净合结存平号本平足银　一〇七三二一.二一两

<table>
<tr><td rowspan="2">共</td><td>收</td><td rowspan="2">会票本平足银</td><td>三五九三七.二六两</td></tr>
<tr><td>交</td><td>四四五二五.一二两</td></tr>
</table>

十一、浙省日升昌记总结账单(丙午十月底上平号)

自三十一年十月底净长交平号本平足银　二〇〇六四.七七两

1. 收项

共收各处会票本平足银　四七六六五六.〇二两

2. 交项

共交各处会票本平足银　四八五五一九.四七两

连原缺存共合净长交平号本平足银　二八九二八.二二两

3. 收入

会费　七二七八.二四两

期利　一五二一四.〇五两

在账未得利　三九三.七五两

李慕皋迟日利　四.八二两

4. 出付

旧年预收在账未得利　五九五.七二两

众堂名存款利　一三一一三.五九两

结洋交遵处款贴现　二四五.〇〇两

贴费　一一二.〇八两

洋结转安徽交何大人二千四百西结转甘肃交王勉亭三百平上贴费　一〇.〇八两

通年房租房捐　二六九.五〇两

装修房屋并添买家具　三〇八.〇〇两

日用副食号役人工电费邮资杂使　一九八九.四〇两

收付两抵净赢本平足银　六二四七.四九两

统共连利除讫净合长交平铺平足银　二二六八〇.七三两

<table>
<tr><td rowspan="2">共</td><td>收</td><td rowspan="2">平会票本平足银</td><td>三八四〇.六二两</td></tr>
<tr><td>交</td><td>八六一〇.二一两</td></tr>
</table>

十二、汉镇日升昌记总结账单（丙午十月底上平号）

自三十一年十月底净长交平铺本平足银　五五七八〇六.四〇两

1. 收项

平会票　五〇六二二.八二两

京会票　一五〇六六九.二一两

津会票　六九四三.七五两

重会票　五一二九二七.九六两

成会票　一一〇七六四.五〇两

沙会票　六三六七一七.一七两
长会票　五六七〇五五.五三两
湘会票　九九七九四.七七两
洋会票　三七八八九三.九三两
扬会票　六九五九三.四一两
广会票　三〇四九〇八.七一两
杭会票　五二〇四.一四两
桂会票　二六三九二.〇七两
汴会票　一九八七一四.六五两
周会票　二八九五四二.九九两
西会票　八九四三八.二七两
共合收各处会票本平足银　三四九八一八三.八九两

2.交项

平会票　二八三六三.六五两
京会票　三二五八四.一九两
津会票　一二六七二〇.五二两
重会票　五〇四〇九八.三九两
成会票　一六五六八.二四两
沙会票　五一三五一五.五八两
长会票　二七七七九九.七二两
湘会票　一六一六一三.〇九两
汉会票　五二一四五六.六六两
扬会票　六八二三八.六三两
广会票　一五〇二二.三六两

杭会票　五八七五.四七两

梧会票　三三四八一.一八两

桂会票　二八四九六四.五〇两

汴会票　五六三四四.六九两

周会票　六五九六六.四〇两

西会票　一五三四三三.七六两

共合交各处会票本平足银　二九六六〇七六.〇三两

3. 收入

贴费　一七四二六.三六两

期利　一一五一九.〇六两

收汴来标申水得色　一〇三.二九两

碌坊得余利　一八.九九两

收沙得贴费　一〇二二六.六三两

收沙得期利　六九〇二.二九两

共合收本平足银　四六一九六.六二两

4. 出付

贴费　四九九六.七五两

期利　三五七八四.二〇两

汴来标标费酒资短平　四三六.九六两

会馆香资经费并人情信资电费等　二一六二.八〇两

日用副食针工扣线用人等　一九三四.五八两

通年房租房捐保险等　五一五.〇一两

京结来交练兵处花费　一九七.七二两

洋结来交上海道：

撇乾顺告疲账　一九七二.〇〇两

沙贴费短期利　二一六九.五六两

沙通年房捐并警察局捐费　九四.二八两

沙会馆香资经费并人情信资电费等　三七七.三六两

沙日用副食针工扣线用人等　一七七一.四二两

共合出本平足银　五二四一二.五八两

收付两抵净亏本平足银　六二一五.九六两

以上统共除讫净合长交平铺本平足银　三一九〇五.五〇两

记开实在：

一宗碌坊欠本平足银　四二〇.二四两

一宗家具作欠本平足银　五〇.〇〇两

一宗外该借贷本平足银　二〇三五七九.九七两

一宗外该欠贷本平足银　六九.一六〇两

一宗现银账缺存本平足银　三〇五七五.七一两

以上五宗除讫净合缺存本平足银　三一九〇五.五〇两

十三、汉镇日升昌德总结

（日升昌原以碌（颜料）起发故尚留此局）

自三十一年十月底结存昌记本平足银　四三七.一六两

共收买西碌五十七斤均价　六.三〇两　合银　三五.九一两　除讫成本净得余利平足银　一八.九九两

昌记取原本本平足银　一六.九二两

昌记取余利本平足银　一八.九九两

以上连原存统共除讫，净合结存昌记本平足银　四二〇.二四两

计开实在货名：

一宗存西碌一.二九平斤，每斤三钱二分，合本平足银　四一二.八〇两

一宗存色碌二斤，每斤三钱二分，合本平足银　〇.六四两

一宗存浮碌六八斤，每斤一钱，合本平足银　六.八〇两

以上三宗共合存本平足银　四二〇.二四两

十四、沙市日升昌记账单（丙午十月底上平号）

自三十一年十月半净结存汉号本平足银　六〇九九八.八九两

1. 收项

平号会票　八七六〇.四五两

京号会票　一〇〇.八九两

津号会票　九八八.〇〇两

洋号会票　七三二四.四〇两

扬号会票　一八四八.三一两

杭号会票　三四三五.四〇两

广号会票　九六三四.九八两

湘号会票　二九五.〇八两

长号会票　四七〇八.〇二两

重号会票　一二九五二六.八〇两

西号会票　二〇一七.六〇两

汴号会票　一九七六.〇〇两

周号会票　四九四.〇〇两

汉号会票　二三三〇〇一.七两

共合收各处会票本平足银　三六三一九.八〇两

2. 交项

平号会票　二.八九两

京号会票　四九.二〇两

津号会票　四九四.〇〇两

洋号会票　一一四九.〇四两

扬号会票　九八.八〇两

广号会票　四二八七.九二两

湘号会票　一一八五六.〇〇两

长号会票　一〇五五〇.〇二两

重号会票　一〇四七二八.〇〇两

成号会票　二一六.四六两

西号会票　三.〇四两

汴号会票　九八.八〇两

汉号会票　三〇〇三六一.三四两

共合收各处会票本平足银　四三三八九五.六九两

连原结存统共除讫,净合长收汉号本平足银　六三四.二三两

3. 收入

会费　一〇二二六.六三两

期利　六九〇二.二九两

共各收本平足银　一七一二八.九二两

4. 出付

贴费　八六五.六四两

期利　一三〇三.九二两

会馆香资经费并人情信资电费添买家具等　三七七.三六两

通年房租并警察局捐费等　九四.二八两

日用副食号役针工扣线等　二七七一.四二两

共合出本平足银　四四一二.六二两

收付两抵净赢本平足银　一二七一六.三〇两

以上连利统共银除讫净合结存汉号本平足银　七六一三九.三〇两

计开：

一宗外该借贷本平足银　六九一.六〇两

一宗家具作欠本平足银　三九.五二两

一宗天成公欠本平足银　四九.四〇两

一宗众钱店欠本平足银　一九九九.十八两

以上四宗共合实存本平足银　七六一三九.三〇两

十五、长沙日升昌记总结账单(丙午十月底上平号)

自三十一年十月底两长交平铺本平足银　五一〇六九.一五两

1. 收项

平号会票　二二四〇.二二两

京号会票　二三二三一.〇七两

津号会票　六四九七.二二两

洋号会票　五五八三四.一九两

杭号会票　七〇七〇.九六两

扬号会票　一一一〇八三.八八两

广号会票　六八〇.九七两

桂号会票　三〇四一八.〇九两

汉号会票　五〇八一二九.三三两

重号会票　一四〇〇〇〇.二四两

成号会票　一三七六四.九四两

西号会票　四九.三〇两

汴号会票　一五八六.八六两

周号会票　二三.六五两

湘号会票　一一五.七〇两

共合收各处会票本平足银　九一〇七二六.二六两

2. 交项

平号会票　二一四七.四三两

京号会票　一五五一三.三九两

津号会票　五六一七.八七两

洋号会票　六四〇四九.三五两

杭号会票　二二四六〇.二一两

扬号会票　一二三九五九.五二两

广号会票　二三七二六.九六两

桂号会票　六〇四二四.九三两

梧号会票　三〇二八六.三三两

汉号会票　五七四九四三.五三两

成号会票　一四六一一.四四两

西号会票　四五五七.〇八两

汴号会票　一五五八.四九两

周号会票　一三八〇六.九六两

湘号会票　四八九〇六.一四两

共合交各处会票本平足银　一〇一四四〇四.四三两

连原缺存收交平抵净合长交本平足银　一五四七四六.九六两

3. 收入

会费　三九四三.二一两

期利　六三七一.五六两

盐三票租价　八八七四.〇〇两

共合收本平足银　一九一八八.七七两

4. 出付

众堂名期利　九六二二.一七两

余庆昌至腊月底期利　一〇〇〇.〇〇两

湘岸盐三票加捐并常捐　二三一六.〇〇两

撇盐三票原本　一四七九.〇〇两

结交上海道洋款花费　四九.五二两

贴外费并钱店短息　一七九.三九两

通年房租　二三六.六四两

本省水灾赊捐　一一〇.九三两

副食杂使请客酒席人情电费等　一六七六.二〇两

信封纸张号役针工信资并会馆摊派等　二九五.八〇两

共合除本平足银　一六九六五.六五两

收付两抵净赢本平足银　二二二三.一二两

以上连利总共净合长交本平足银　一五二五二三.八四两

一宗该外借贷本平足银　七〇〇.〇六两

统共除讫净合缺存本平足银　二二二五二九.八四两

十六、广西日升昌记总结账单(丙午十月底上平号)

自三十一年十月底两合长交平号本平足银　二一二五〇.六五两

1. 收项

共收各处会票本平足银　一〇八四〇〇九.八八两

2. 交项

共交各处会票本平足银　一二〇七四三二.二〇两

连原缺存除收净合长交各处会票本平足银　三三五九七二.九七两

3. 收入

得色费　六八一三.六七两

期利　一三八一八八.九六两

桂缺存藩银　三二三七八五.二一两按八两预提在账未得色

共合收本平藩银　一七〇九〇五.四五两

4. 出付

三十一年预提在账未得色　一八四八二.六六两

贴色费　一〇〇九五四.一四两

众堂名存款利　九三八二.八四两

汉长广会派办处
抚宪张等三八九〇〇.九六两

两上赔平　八〇.二二两

纸张电费信资盘费布施捐项请客酒席用人工资等　八七一.三六两

黄崇厚堂通年房租　二六一.七二两

日用副食换钱杂使等　二七八一.九三两

共合出本平藩银　一三二八一四.八七两

收付两抵净赢本平足银　三八〇九〇.五八两

一应统共连利合长交本号本平足银　二九七八八二.三九两

共收
交平会票本平足银　六一一.八八两
五六〇〇.七八两

十七、梧州日升昌记总结账单(丙午十月底上平号)

自三十一年十月底净合长交本平足银　八五〇六二.一八两

1. 交项

平会票　三五.八九两

京会票　一九七九七.八四两

津会票　三二六.四二两

洋会票　七四二四五.九六两

杭会票　二三六二九.六二两

扬会票　五一四四.七四两

汉会票　三〇四二七.〇七两

长会票　二五〇七六.〇六两

湘会票　九七四八.五二两

成会票　一四.〇〇两

重会票　二四七四八七.八一两

广会票　一九八五〇六.〇八两

桂会票　一〇三三六〇一.七六两

共合收各处会票本平足银　一六六八〇三一.七七两

2. 收项

平会票　九一〇.五一两

京会票　三一三.八六两

津会票　三四二.八四两

洋会票　一三九〇.六四两

扬会票　四七七.八三两

成会票　三七〇.四三两

西会票　一八.〇八两

汴会票　一二二.六四两

广会票　一五五三八四三.二二两

共合交各处会票本平足银　一六〇二八一一.九七两

3. 收入

得色费　一五八三七〇.三〇两

期利　五九九三.七五两

宁得色费　八四四九.四〇两

宁得短利　二〇二.一四两

收入空银九二.四〇两上预提色　一七九二.〇〇两

4. 出付

去年十月底空银九二.四两上预提色　七三九二.〇〇两

贴色费　一三七五七四.五七两

广结收均隆号二二二.七二两上补大元本　一二九四五.九七两

官场存款期利　七四〇.九六两

洋府关税款短利　二八八〇.一一两

官银号短利　三八四三.八一两

通年一十二月房租　三三四.四二两

副食杂使请客酒席布施人工信力电费　二九九六.〇一两

宁贴色费　六〇二六.四一两

宁子章记来宁添船价　六.六五两

宁五个半月房租　一一二.三〇两

宁副食杂使信资电费人情布施号役人工针工纸张添买家具等七四二.〇九两

收付抵净亏本平足银　七八七.七二两

统共除讫净合长交平号本平足银　二〇六三〇.一〇两

共收平会票本平足银　三五.八九两

共交平会票本平足银　九一〇.五一两

十八、营口日升昌记总结账(单丙午十月底上平号)

1. 收项

共收各处会票本平足银　四二六一四三.〇二两

2. 交项

共交各处会票本平足银　二五九四〇六.四二两
收交两抵净合长收本平足银　一六六七三六.六〇两

3. 收入

会费　四六七六六.三三两
期利　三二七五.五四两
各号卯色　四二五八.三七两
共合收得本平足银　五四三〇〇.二四两

4. 出付

贴费　二〇四五九.二四两
赴烟台蓬莱并来营盘费　四九.二八两
在京买应用物件　五〇.七二两
买家具什物　五八二.三四两
酬客酒席　一六三.六六两

通年经纪费　六二九.六〇两

通年房租　二三七.〇七两

通年会客酒席纸张竹力邮费针工用人工时等　二九二.五〇两

日用副食杂使等　一五九二.五〇两

共合出本平足银　二四一五六.九一两

收付两抵净赢本平足银　三〇一四三.三三两

以上连利净合长收本平足银　一九六八七九.九三两

计开

一宗流水账结存本平足银　一四三一五八.四二两

一宗营放借贷本平足银　二二〇七七.三三两

一宗沈放借贷本平足银　三一六四四.一八两

统共净合统存银号本平足银　一九六八七九.九三两

共收平会票本平足银　一五二七二二.四一两

共交平会票本平足银　一八八〇〇六.〇八两

丑　蔚泰厚总结

蔚泰厚苏州分庄于道光二十七年四月底立的花名账，及咸丰八年十月初一日立的沈阳总结，清光绪五年的清单，择其总结于后。

苏州分庄：

（道光二十七年）

自廿六年十月初一日至廿七年四月底单结账

原存铺平足纹银　一七三六〇三.二三两

1. 收项

共收平票足纹银　一一四七.九〇两

共收京票足纹银　一一六二一三.四六两

共收汉票足纹银　三〇七三九.二二两

共收常票足纹银　二〇三一二.〇〇两

共收沙票足纹银　一三七七六.五六两

共收沈票足纹银　二九六〇四.〇〇两

共收公记足纹银　一八八三五.四四两

共收现利足纹银　四九五六.八七两

以上九宗共合足纹银　四〇九一八八.六八两

（原文收项缺一宗——编者注）

2. 交项

共交平票足纹银　七二四三三.八〇两

共交京票足纹银　一八一二三三.一八两

共交汉票足纹银　二一〇七六.五〇两

并交常票足纹银　三九四四八.四〇两

共交公记足纹银　四六四九.五六两

共出现色足纹银　二四〇.七二两

共出杂使足纹银　六五五.三九两

以上七宗共合交足纹银　三一九七三七.五五两

以上除出净存足纹银　八九四五一.一三两

3. 计存

一宗外借足纹银　六九一四七.六〇两

一宗外借参封银　一三〇〇〇.〇〇两合平一一七二六.〇〇两
一宗现存足纹银　三四七〇三.二五两
一宗暂记足纹银　九八二七.八八两
以上四宗共合存足纹银　一二五五〇四.七三两

4. 计除

一宗借外足纹银　三六〇五三.六〇两
以上一应除讫净存足纹银　八九四五一.一三两

5. 未收

京票银　三〇〇.〇〇两
汉票银　一六〇〇〇.〇〇两（至腊月）
常票银　一五〇〇〇.〇〇两（五月初一日）
沈票银　一五〇〇〇.〇〇两（五月初一日）
未交：
平票银　二三九八〇.〇〇两（五月一九四七〇.〇〇两，六月四五一〇.〇〇两）
京票银　八四〇〇.〇〇两（五月五〇〇〇.〇〇两，六月三四〇〇.〇〇两）

沈阳分庄：
（咸丰八年）
自七年十月初一日至八年十月底总结清账
原存铺平锦宝银　四九七〇三.五四两

1. 收项

一宗收平会票锦宝银　三二九二七二.三八两

一宗收京会票锦宝银　二一八〇六九.一三两

一宗收津会票锦宝银　五九五一.一七两

一宗收苏捐货锦宝银　〇.九〇两

一宗收得贴费锦宝银　七三五六.七六两

一宗收现银加钱余锦宝银　二六五五.一二两

一宗收钱盘余锦宝银　四二五.四一两

一宗收捐项余锦宝银　六七七.五〇两

一宗收旧存栏杆余锦宝银　一九.五六两

一宗收得现利锦宝银　九九.六五两

一宗收办粮担得利锦宝银　三一.四九两

以上十一宗共收铺平锦宝银　六一四二六二.六一两

2. 交项

一宗平会票锦宝银　二八六.三二两

一宗交京会票锦宝银　一一二三八〇.〇四两

一宗交津会票锦宝银　一二一六〇八.二六两

一宗交苏会票锦宝银　三三三四五二.〇〇两

一宗日用杂使锦宝银　八四五.五一两

一宗营台杂使锦宝银　一二三.八〇两

以上六宗共交铺平锦宝银　五六八六九五.九三两

存铺平锦宝银　四五五六六.六八两

3. 计存

一宗买钱锦宝银　二七一.六九两

一宗存川占二五九六.六二两锦宝银　九一二.三六两

一宗存栏杆累缎锦宝银　一一九〇.四二两

一宗存红粮牛斗一.一八〇担锦宝银　二三九二.四一两

一宗存小麦牛斗一三四.四担锦宝银　六一九.五〇两

一宗存芒米牛斗九五担锦宝银　四八七.三八两

一宗现存锦宝银　二四三六七三.六〇两

一宗暂记外欠锦宝银　一五三二五.五六两

以上八宗共合存平铺锦宝银　四五五六六.六八两

平遥总号：

（光绪五年新正月初一日开）

外该项目　足纹银（两钱分）　备注

现存足纹银　二四八九.八一一

现存钱（三〇九千五七九文作）　二四七. 六六　以一千二五〇文作银一两

外该借贷　八一四七五.四四

又申色　二.一五

外该在账未得利纹银　七.三二三.五三两（五扣作）　三六六一.七六

蔚丰厚记入本　五〇〇〇.〇〇　小平四两

又伊存护本　二〇〇〇.〇〇　文平一两六钱

又伊存元二三四年余利　六〇六六.四七　小平四两八钱五分

蔚长厚记入本　六〇〇〇.〇〇　小平四两二钱

又伊存元二三四年余利　四六〇〇.〇〇

家具(作)　二〇〇.〇〇

暂记账外该钱　一一四一六.九五

暂记账外该钱(五〇七千七八八文作)　四〇六.二三　以一千二五〇文作银一两

存东伙应支足纹银　四一六一〇.〇〇

沈局净存　九八一八三.七八

汉局净存　五九五〇七.三九

沙局净存　五六九九七.八三

常局净存　四八一四.六一

上局净存　一〇〇一八七.一一

原局净存　九四〇四三.七二

重局净存　六六〇三六.九一

成局净存　四五二三.八三

共计　六四九四五三.〇八

该外项目　足纹银(两钱分)　备注

原本　九五〇〇〇.〇〇

伙东存护本身银　四一八四〇.〇〇

该外借贷　一八四七七〇.九六

该外在账未出利　六八三五.七八

又借外申色　一九三.四〇

京局净长收来　一〇四二二〇.九三

长局净长收来　七五七五.五〇

广局净长收来　一八一五三.七六

元二三年得利　一二四九五四.一九

共计　五八三五四四.五二

除讫净获余利足纹银　六五九〇八.五六两

按三四.八俸每俸应分利足纹银　一八九三.九二两

元年共得余利足纹银　四四八二五.七三两，按三九.三俸每俸应分银　一一四〇.六〇两

二年共得余利足纹银　五八五一九.八六两，按三八.六俸每俸应分银　一五一六.〇六两

三年共得余利足纹银　三六四四〇.二一两，按三八.三俸每俸应分银　九五一.四四两

统共四年每俸应分利足纹银　五五〇二.〇二两

寅　日新中营业总报告

京都总结(一)

(道光三十年)

旧年平号净长取本平足银　二一九六四二.六〇两

1. 收项

一宗收平号会票本平足银　一二〇一一二.八七两

一宗收苏号会票本平足银　一四二二二三.〇一两

一宗收江号会票本平足银　六四八六五.七九两

一宗收汉号会票本平足银　一三一二三.一〇两

一宗收南号会票本平足银　二八五一三.一〇两
一宗收东号会票本平足银　一〇五三九九.二〇两
一宗收西号会票本平足银　三六〇〇.〇〇两
一宗收泾号会票本平足银　一九一二四四二.五七两
一宗收芜号会票本平足银　四〇〇五四.五八两
一宗收济号会票本平足银　四四三.四〇两
以上十宗共合新收本平足银　六〇七四五八.六二两
除讫旧长取净合新收本平足银　三八七八一六.〇二两

2. 交项

一宗交平号会票本平足银　七五九六一.七九两
一宗交苏号会票本平足银　三六四三一.三五两
一宗交汉号会票本平足银　四六三八三.七一两
一宗交江号会票本平足银　三二七五五.五七两
一宗交西号会票本平足银　三六八二一.三〇两
一宗交芜号会票本平足银　二四六八七.九五两
一宗交东号会票本平足银　五〇三〇九.三七两
一宗交南号会票本平足银　三七一三九.〇二两
一宗交泾号会票本平足银　七〇七五七.五九两
一宗交屯号会票本平足银　一三〇四九.二八两
一宗交济号会票本平足银　一四二三.六六两
以上十一宗共交出本平足银　四二五七三〇.六一两
除讫新收净合长交出本平足纹银　三七九〇四.五九两

3. 收入

一宗收现得利本平足银　二三四九.七四两

一宗收在账未得利本平足银　一六八.二一两

一宗收得现色本平足银　三三一一.〇八两

一宗收得贴费本平足银　一四五二.四六两

一宗收捐项余平本平足银　四三.五一两

一宗收积平本平足银　六〇〇.〇〇两

以上六宗共合新收本平足银　六九二五.〇〇两

4. 出付

一宗出付现利本平足银　六七一七.五四两

一宗出付在账未付利本平足银　四四四.六二两

一宗出现色本平足银　一一八四.五九两

一宗出各处捐项短平本平足银　二一四.四四两

一宗往各处捐缙绅本平足银　一二六三.四五两

一宗出京号日用伙食本平足银　一二六三.四五两

一宗出口号日用伙食本平足银　三二七.〇四两

以上七宗共合开除本平足银　一〇一六七.七四两

除讫新收净长交出本平足银　二一四二.七四两

连前至此统共净长交出本平足银　四一一四七.三三两

5. 计开实存

一宗现存本平足银　二四二四.四六两
一宗外该借贷本平足银　六八四六九.八一两
一宗外该在账未得利本平足银　一六八.二一两
一宗存家具本平足银　一四〇.〇〇两
以上四宗共合实存本平足银　七一二〇二.四八两

6. 计开该外

一宗该外借贷本平足银　三六六八三.六五两
一宗该外在账未付利本平足银　四四四.六二两
一宗该外净存本平足银　七五二二一.五四两
以上三宗共合该外本平足银　一一二三四九.八一两
除讫净长该外本平足银　四一一四七.三三两
提出原前长交出本平足银　三七九〇四.五九两
以上一应除收交讫净合平铺长取本平足银　四一一四七.三三两
咸丰元年十二月终平号长取本平足银　七一〇七六.三一两

京都总结(二)

1. 收项

收平会票足纹银　七七九七八.六五两
收苏会票足纹银　一七五〇三一.四三两
收江会票足纹银　一四〇八〇三.一三两
收汉会票足纹银　六二八三二.八七两
收芜会票足纹银　一〇三五二.七〇两

收南会票足纹银　二四〇一七.六四两
收济会票足纹银　二〇一〇一.一三两
收东会票足纹银　八八一七六.八八两
收周会票足纹银　五三五三.四一两
收泾会票足纹银　五八五.八九两
收西会票足纹银　八九六.一七两
以上十一宗共合新收本平足纹银　六〇六一二九.九〇两
除讫旧账取净合新收本平足纹银　五三五〇五三.五九两

2. 交项

交平会票足纹银　四三七六九.六五两
交苏会票足纹银　八〇一七七.四六两
交江会票足纹银　六八一一〇.七〇两
交汉会票足纹银　一四九六六八.九一两
交南会票足纹银　二二一〇五.七八两
交芜会票足纹银　三〇八八六.一六两
交屯会票足纹银　四五二七.六〇两
交济会票足纹银　六八九四五.一七两
交东会票足纹银　一一五七〇.一〇两
交周会票足纹银　四一四五.五九两
交泾会票足纹银　七七二六一.七二两
交西会票足纹银　三六二七三.三八两
以上十二宗共交出本平足纹银　五九六四四二.三二两
除讫新收净合长交出本平足纹银　六一三八八.七三两

3. 收入

收现得利本平足纹银　三八八七.二八两
收在账未得利本平足纹银　七八三.六三两
收积现色本平足纹银　二四七四.六〇两
收得贴费本平足纹银　二七八四.九五两
收捐项余平本平足纹银　八二.二九两
收积平本平足纹银　八〇〇.〇〇两
以上六宗合新收本平足纹银　一一四五一.七五两

4. 出付

出付现利本平足纹银　二九四三.八三两
出在账未付利本平足纹银　一五一二.六六两
出现色本平足纹银　一二一四.八四两
出各处捐项短平本平足纹银　四〇六.三八两
出往各处捐缙绅本平足纹银　一九.二〇两
出京号日用伙食本平足纹银　一四一三.七四两
出口号日用伙食本平足纹银　四一三.四五两
以上七宗共合开除本平足纹银　七九三四.一〇两
除讫开除净合新收本平足纹银　三六〇七.六五两
连前至此除收交讫统共净长交出本平足纹银　五七七八一.〇八两

5. 计开实存

一宗现存本平足纹银　九二四.〇一两
一宗外该借贷本平足纹银　四九八六〇.〇一两
一宗外该在账未得利本平足纹银　七八三.六三两
一宗存家具本平足纹银　一四〇.〇〇两
以上四宗共合实存本平足纹银　五一七〇七.六五两

6. 计开该外

一宗该外借贷本平足纹银　八四九七六.〇七两
一宗该外在账未付利本平足纹银　一五一二.六六两
一宗该外浮存本平足纹银　二三〇〇〇.〇〇两
以上三宗共合该外本平足纹银　一〇九四八八.七三两
除讫净长该外本平足纹银　五七七八一.〇八两
提出原前长交出本平足纹银　六一三八八.七三两
净蒙
天赐获利本平足纹银　三六〇七.六五两
以上一应除讫至年终净合：
平铺长取京号本平足纹银　五七七八一.〇八两

卯　润记清单（甲）

（太谷锦裕于光绪二十九年四月初一日至十二月底开办时清单）
外该项目　实银（两.钱分）
京铺账　二一八五二四.五三
赤铺账　四七九七二.三三
店铺账纹银三六九八五.一七两以九八扣作　三六二四五.四七

城铺账　一四三七三六.四七

外该借贷　一〇五〇八.三〇

外该借贷年终利　三二二.二五

来往账外该　三九九五.三一

来往账外该钱九　三〇千八六六六文以一千二五文合宝银　七四四.六九

支银账外该　四二三.〇〇

现存　七一六.六六

现存钱九七千六八五文以一千二五文合宝银　七八.一五

各铺并各庄家具账(共作)　三〇〇.〇〇

共计　四六三五六七.一七

该外　项目　银宝　两.钱分

原本　三二〇〇〇.〇〇

该外借贷　四一五三一八.六六

该外年终利　八六九八.六二

支账该外　一五一.〇八

支账该外钱二三千〇二二文以一千二五合宝银　一八.四二

共计　四五六一八六.七八

除讫净得余利砝平宝银　七三八〇.三九两

润记清单(乙)

(光绪三十二年正月初一日至十二月底营业兴盛时查)

外该项目　宝银　两.钱分

赤铺账　六二六三〇.五七

沈铺账外该宝银六三五九九八七两以七四扣宝银　四七〇六三.

九〇

城铺　一六〇八三.四二

获铺　三一八三.三六

庙铺外该宝银六二四五一八两以四扣宝银　二四九八.〇七

借贷账　三六八五六.〇四

满加账　八八四一.六〇

年终利　四一六.七六

满加利　二六四.六〇

众号来往账　二七六三九.二一

抽备处提锦生裕入本　一六〇〇〇.〇〇

抽备处提生记长盛公司入股　二九九七.九〇

抽备处集股买公债票　九七六.〇五

众伙应支账　六三二五.〇〇

众伙支账　三四一三.〇七

银元账现存大洋一五一〇.二二元合作宝银　六〇〇.〇〇

众号来往并现存钱三四〇一吊七二四文

除众伙支使账存钱一六六六吊〇二七文

净外该钱一七三五吊六九七文作宝银　八〇〇.〇〇

各铺并各庄账外该一二五九八四.六六两作宝银　二〇〇〇〇.〇〇

二年清查不敷　四八二四九.六三

四年清查不敷　一五二二.九六

各铺并各庄家具账共作　三〇〇.〇〇

五年清查不敷　一九一五五.八八

现存　七八〇八.八二

共计　三三三二六.八四

该外项目　宝银　□〇一两.钱分

原本　七二〇〇〇.〇〇

三年清查余利　六六〇二.二一

抽备处存宝银　六六〇二.二一

抽备处存宝银　二二一五四.四九

借贷账　二二九七六〇.五一

满加账　四一一八三.〇一

年终利　八九五九.二八

满加利　一〇五四.七八

津京口铺账　三〇六三四.九四

各庄汇各未交　一〇二七.九九

各票未付利　一八五五.三〇

维役缴费　三一五六.五〇

共计　四一八三八九.〇一

净不敷砝平宝银　八四七六二.一七两

一上五年终共不敷砝平宝银　一四七〇八八.四三两

一宗撇除众伙应支实银　六三二五两

一宗撇除众伙长支实银　九〇〇两

一宗撇除各铺并各庄账外该宝银　二〇.〇〇两

一宗撇除保晋公司借款宝银　八四二二.八四两

一宗撇除同蒲铁路借款宝银　二五.三七两

一宗撇除各处集股买公债票宝银　一一四四.四六两

一宗提来抽备处存款宝银　二二一五四.四九两

以上七宗除提净存撇除宝银　四〇〇〇七.八一两

总共应撇清净不敷砝平宝银　一八七〇九六.二四两

(二)从往来信件中观察营业状况

子　初期信件

票号的业务,从该号的往来信件中可以观察其状况,故依各家年代先为次,而择要录之。

票号的信稿,最初用普通账本式方法抄录,蔚泰厚道光二十四年苏州庄京都信稿,日升昌的道光三十年汴梁往来信稿,咸丰元年往来书札均此。惟咸丰十一年平遥来信底稿,则用红格十一行纸誊写,标题为某月收到来几次信,于标题同行下端书来信的日月。协同庆的同治十三年信,已印成八行书本,边上印有"普天同庆",边下印有"八行书折"字。元丰玖的光绪十五年京都来信,将原稿贴在本子上。锦生润的民国元年店铺来函,已用特制的八行书式,边缝上面印"第　号",边缝中间靠内红格印一小红圈,于此圈内书页数的边缝下印"锦生润自制"字样,将来函装订在一起,以一处的来函,以一年为一册。此为票号信件形式之变迁。

往来信都编号,年初自一号起至年末为止,次年初又从一号起,不将每一年编一个字,如果信稿失去皮子一页,就不知是何年的信件了。又信首不书致某号信,信尾又不盖章,原信无存。今睹此信稿者,不是从某票号中收集来时,随后书其名,后来查时,就不知是谁家的信稿。

1. 蔚泰厚信稿

蔚泰厚苏州分庄的京都信稿,搜集到道光二十四年及咸丰元年的两本:兹将道光二十四年的择要录几封于下(信中原有抬头或空格的格式,均以空格标示——编者):

四月二十一日收接第八次来札 （初五日申）：

启者：于前月二十七日托　天成局捎去第七次之信，内报收会去公正号关批足纹银五百两，立去会票一张，注定在苏四月二十三日无利交伊。平照前每百两比咱大三钱六，共咱过咱费银三两五。又　集古斋关批足纹银七百两，立去会票一张，注定在苏四月二十五日无利交伊，无砝。其平票上批明，比咱平每百两大二钱二，共贴过咱费银四两六钱。又　同椿号官批足纹银一千五百两，注定在苏四月廿七日无利交伊。平照前比咱平每百两大三钱六，共贴过咱费银十两零五钱。又　姚宅关批足纹银四百两，又伊足纹银一百二十两，各立去会票一张，均注定五月初七八日在苏无利交伊。其平均照原砝兑，比咱平每百两大四钱，共贴过咱费银七两二钱八分，并报会去姚宅之项。伊系执著人送票，诚恐失落票券，今将送票人年貌姓氏开去一单，至日照单盘问，连四次信内会去伊之五百两，一交照票妥交妙是。并封去沈信一封，平铺用货单二纸，上谕一塔，及报之事，想早收鉴阅矣。于初一日连接八十一二三次信，又初二日收到八十四次来札，其　章老爷之信即时已送到，随会来　程子廉老爷足纹银九十两，王蔼亭兄足纹银一百二十两，祥和银号九八色银一百两，宗玺师足纹银一千两，元成钱店足纹银一千七百两，　蒋大人足纹银三千一百五十六两，叶大人九八五色银一千两，　玉福老爷足纹银四百两，统来　史方玺兄等履历二纸，平铺等信十五封，所有托　蒋大人门政　张崔二位捎咱号油纸包，并　志成信所来弟用亮纱袍套等件，刻下均未收到，并云一切均照信收明领悉，无须纪念。今收会去　万全号开批足纹银一千两，无票银，言定在苏五月初三日无利交伊。平照前比咱平每百两大三钱八，合空期一月，贴过咱费银六两，至日妥交。今　金椿兄用过咱平捐足纹银九百零四两九钱，　韦运雍兄用过银二百七十一两六钱，另有一单，至日注账。至于大捐，今已奏准，又展限六个月，至九月底截止；其交库银钱，俱准交纳，交银准仍照旧规。如交钱者，每两以制钱一千五核算，今将原奏稿抄呈，俟后议有条例，即为奉报　兄知。随封去萧太爷信一封　海聚钱店三百三　盛古堂一千一百四十六收条各一纸，上谕一塔　靳大老爷信一封；又　北公义、盛古堂咱号沈各一封，至日查收。再有会来　程子濂老爷之银，伊信内所注，原系会钱，并非会银，伊言信面批注会银不符，亦不足为据，要按信内注写，仍收九八大钱一百五十千文。咱号与伊多年交好，亦不必细为交论耳。今交伊九八大钱一百五十千文，封去换钱清单一纸，按南北钱单核算，核号赔银四两六钱八分。其京苏过账，仍按会原曹平足纹银九十两过账报知。随封去伊收条一纸查收，祈　兄等与伊酌量结清是妙。刻下京中月息五厘，钱盘三钱二厘五，松江色一两七八，余事后呈。又封去京局三月底存银单一纸，沈信一封。此上。

四月二十三日托　（天成局寄去九十一次信）：

于十八日托　天成局汇去九十次之信内，报收会去　复兴昌足纹银二千零六十两，无票砝信，每百两比咱平大四钱，言明见信速与交付。又　庆恒钱店足纹银七百两，无票砝，每百两比咱平大三钱二，有伊信一封。又　铜关帝庙静明师足纹银七十八两四钱，每百两比咱平足二钱五，无票信，二宗见送信通交付，各讨帖寄苏。并统去何麟兄履历，由俊秀捐从九职，叶启林由俊秀捐监加捐贡生履历各一单，至日递捐。又　平沈等四封，以及一切，想早呈明矣。二十一日持得八次来札，内会来　万金号足纹银一千两，按期交付，并　金椿龄等二位用过捐项银内，萧太爷等信，程子廉老爷等收帖，及谕一切之事，均经领悉矣。至于程子廉老爷一项赔银四两六钱八，候经手人来苏与伊结可也。再有　玉盛号于三月二十一日会借去咱足纹银三千二百两，连空伊期一月，均按月九厘，至七月初十日，在京无利，交咱头白宝银，所有伊立来会票，随后托妥伊去，无砝。其平照会来之平，每百两比咱平小一两一。今收会去　王兰史老爷库平足纹银一千二百两，立去会票一张，注定在京见票交付，无砝，每百两比咱平大二两四，至祈连前会贴厚道交付。此宗贴过咱宗十二两报知。再报苏地大势，功名以及钱店生意，咱号概不能做分文，皆因　日升昌、广泰兴等号，今年以来，收揽从九监生，加色曹平二十二微大些，二十，二十一不等，照此弟等实无划算，是以只可不做，但不知伊等如何算法。随封去平沈等信六封，查阅致转。刻下苏利仍六厘平和。此上。

六月初三日收接二十次来札（五月十六日京申）：

启者：于十二日托　天成局捎去十九次信内，报收会去　万金号关批足银二千两，无票砝，言定在苏六月二十二日见信无利交伊，平照前比咱平每百两大三钱八。又言明如伊早用三五天，亦已交付。又托　丰裕瑞记捎去苏用缙绅一部，广州公记　斯馨堂缙各一部，随去庆恒钱店七百静明师七十八两四钱，收条各一纸，上谕两张，朱朵三老爷要信一封，东望兄用货单一张，及报之事，谅早均为收明转致矣。同日收接九十一次信会来王兰史老爷库平足纹银一千二百两，玉盛号会借来咱头白宝银三千二百五十两，统来平铺等信六封，及云一切，俱已领悉，无须纪念。至于王兰史老爷会借纹银，听伊口气大约总在二千之数，待伊用过多寡，再报兄知。至云前号收揽捐项情形，如伊等二十一二两即收弟等核算，按苏念六过帐，实不尚敷其数，即将南北收会票项期日期贴费等，添在其中，焉能相补。再将京局仅余色银一两八钱，均算在内，亦补不起。照此尚差银十头八两，想是伊等京中另有取巧之处，或者以图现为订兑用项，尚系希冀苏利一时大之区划也。但咱号如遇利佳订兑用项虽可，然亦得顾算盘可敷否？其银号便宜处，实不敢领教，况亦非早年可比，近来焉能差许多。譬如苏先收银，及至京交兑上库，日期不要少算，按前拉后扯四十天，再加由京往苏一转个月光景，共得利十两零，再加京贴费六七八两，苏曹平内三两余，再加京成色一两六七，繳骨除净，尚短银八两。各处费许多周章笔墨等费，实如兄来信，咱号难以收揽。现在仲祥兄由京局至苏，京局时势，一应办理，均可了然。弟等断乎不敢稍存瞒含，至于耽误己号处交易耳。只可，只可。兄等随时高酌核算，办理量妙。且目下风闻库内之砝，又要加重情弊，尚未见准与否，预报　兄知。随封去　北公义与咱苏号信一封，上谕一塔查收。刻下京中月息四厘，又封去转庐州信一封。转致。此上。

八月初三日收三十三次来札（七月十三日）：

启者：于初十日托　玉成美记李桂林兄　去三十二次之信，诚恐迟延，今录去原底一纸，至日收阅　今收会去　永发义记关批足纹银一千两，未立票砝。带去咱无号信一封，注明在苏八月十七日见票无利交伊伙伯年刘二爷手平其年平照去会过之，比咱平每百两小一两三钱六，合空伊期三十五天，贴过咱费银七两五钱。又　福兴号关批足纹银二百两，未立票砝，随封去伊信一封，言定在苏八月二十二日在苏纹银信一并妥交，其平照去年会过。德泰信之平，比咱平每百两小四分，合空苏期四十天，贴过咱费银一两六钱，至祈均为妥交。今封去庐信一封，上谕四张，查收。刻下京中月息五厘，四厘七五，钱盘三千二，折五六钱，松江色二两光景。至于常捐如从九监生，前信已报，各银号俱照旧不收，此刻果然。据弟等之见，至年仅有半载，南北过账，虽无余剩，仍可照旧。望　兄等总以合算不误，收揽为妙。惟大捐以此刻大势俱少，料想秋季各外省有赶九月办理名字，望　兄等如大捐名字，趁此赶办之际，切宜手松些，到许至临时交兑，有宗项胜无宗项，其银数几千两以及万数八千两者，更宜　迁就让一二点，有益时多。此情不待弟冗，呈 兄等久知。倘遇占光，京苏何必一定限制过账。况限来数，十限间年号各处捐项，苏局首一，常局在二，其余无须指望。现在光景时势所及，显非人力所为。奈何！此上。

2. 日升昌信稿三种

平遥日升昌为票号最初创者，其往来信稿得到三册，道光三十年只有一封，故照抄。咸丰元年共九封，其中多同样的报告，故只抄二封。咸丰十一年共二十九封，系平遥与武昌往来信件，其中有因太平天国之乱而收庄的，故为全抄。一方可知一年的营业情形，一方可作太平天国史料之旁证。

新正月初十日由京转汴六次信（道光三十年信）：

新春鸿禧，另柬恭贺。启者：于去岁十月廿九日由京转去第六次信一封，外托万和明去郑锦舟红香牛皮二两，用过咱本平足银六两，又开来伊单一纸，该早收阅。去岁冬月廿五日收接第廿六次信，会来十一月底口交大顺雷足银一千两，四月标交伊银四千两，十四日收接第廿九次信，会来大寅标口交兴盛德足宝银一千两，永顺祥足宝银一千二百两，裕兴昌足宝银五百两，源泰昌足宝银一千五百两。廿三日收接卅一次信，会来大银标交庆源德足宝银三千五百两，永顺利足宝银一千五百两，万和明足宝银二千三百两，永顺利足宝银一百三十五两四钱七分，德兴恒足宝银四百三十两，源盛兴足宝银七百两，均已各照信票交。统来永顺祥寄兴玉中永丰段等会银信，俱已转往。前信后定会过九月初一日汉交下庐足银三千两，咱在口年四两标分收。自收银之日，各依各标口规与伊行息外，每千两贴伊银六两。又收会过腊月十五日谷交镜宝银一百五十两，净得空期四十来天。又收会过腊月二十七日谷交银三百五十二两，净得空期。又收会腊月二十五日平交银三百余两，净得空期四十来天。又收会过腊月廿五日交无色宝银四千两，合期顶期外，每千两得会费银五两，又定会过正月初五日谷交镜宝银一千五百两。咱在口四月标收作，按月四厘三两咱行息外，共贴咱银六两，又定会过三月初一至十五日河口交合宝银三千两。咱在口年标收伊足宝银一千五百两，净得空期，四月标至五月节京口随便交咱银一千五百两。至二月初一日按月四厘三口规与咱行息，又收会过二月初一日天津交期白宝银一千五百两，净得空期一月。又定会四月十五日至二十日河口交会宝银八千两，咱在口年标收伊银三千两。四月标收伊银五千两，均拉净得空期四十余天。又收会过正月廿日谷交银一百零一两，净得空期。又定会过二月初一日迟早三五天苏交两批银万五千两。四月标京口随便交咱。迟交日期，按月四厘三口规与咱行息外，每千两贴咱银四两。又定会过二日二十日迟早三五天内交西批足银五千两，四日标京口随便交咱。迟交日期，按月四厘三口规与咱行息外，每千两贴咱银四两。又定会过四月初一日河口交会宝银六千两，咱在口四七两标分收。自正月十五日，按月四厘三口规与咱行息。净得空期七十五天。又定会过三月十五日苏交四批足银二千两，咱在口四月标收伊。迟收日期按月四厘口规与咱行息外，每千两贴咱银四两。天津会来年标口收银一千九百两，平会来七月标口收银五千两，京会来年标口收银二万零八百两，又会来四月标口收银五百两，十月标口收银三千两，汉会来腊月二十日交银四千两，又交会过省收银四千七百余两，苏会来三月初一日口交银一千两，浦会来年标口交银二千五百两，泾会来年标口交银一万七千五百两，京会来年标口交银八千五百两，扬会来口交银二百五十两，京会来四月标口交银四千两，津会来口交银三百零六两，交会过京收银四千两，成会来三月半口交银三千两，咱口号之账业已给清，随统去交会票总结账单一纸。东口标期单一纸,查收。生吾兄去年腊月十四日由京抵口。口号之事,交代生吾兄管理。弟初十日由口返京,报兄知之。刻下口息月息四厘五。余无别叙。专此布。

新正月十九日托日新中带去京第七次信底:

月之十二日托光裕局专足送去第六次信一封,随统去口寄平苏汉江浦汴泾广扬西安重成鲁长常各一信,大德常等信十封,又 去口号结账银流水账各一本,外托光裕局发去标足银六千二百两。又报会去河口四月初十日交三和同合宝足纹银三千两,刻未立会票,俟立再报,公较去伊备五十两钱砝一付,其平比咱平每五十两大一两四分兑。又定会去河口交德生世合宝足银三千两,与伊写去不列次凭信一封,注定在河口四月初十至十五日见信无利付伊,公较去伊备五十两钱砝一付,其平比咱平每五十大二钱七分兑。又现收会去河口交合盛永合宝足银二千两,与伊立去会票一张,注定在河口四月初十至十五日见票无利交伊,未较会砝,其平票上批明每五十两比咱平大一钱二分兑。又现收合去年春标无利交永兴玉足宝银三百两,以定不立票砝,各依信为凭,其平比咱平每五十两大一钱兑。又收会去祁春标交昌泰和镜宝银二百四十两,连前去会共一万八千二百四十两整,今正与写去不列次凭信一封,言定在祁春标复和成内,见信无利交伊。又收会去汉四月十五日交生旺德下炉足银二千两,会式平码照前会去四千两之样,并报一切,谅早收阅,注账各达矣,其余不复再叙。今随信会去河口交恒义承合宝足银一千五百两,与伊立去会票一张,注定在河苏三月十五日至二十日见票无利交伊,未较会码,其平照前会去之钱砝,咱平合砝每百两大六分兑,合得空期一百天外,共贴咱会费银四两。又现收会去苏三月二十五至四月初一日无利交恒义长西批足银二千两,合得空期八十天外,每千两贴咱会费银一两此宗刻尚未立票砝，系立再报。又定会过苏交万盛隆两批足银三千两，与伊立去会票一张，注定在苏三月十五至二十日见票无利交伊。咱在口正月内收足银一千两，下余二千两四月标还咱所有迟早日期，除空伊八十日以月三厘八分在口结算外，每千两贴咱会费银一两五分。公封去伊备五十两钱砝一付，其平每五十两，咱平合砝大九分兑。至祈一并收阅注账，达苏江知之为是。随信统去口寄苏江各一信，至祈转往。刻下口地月息元市，余无别叙。专此布。

咸丰十一年信：

从咸丰十一年的信看到，因太平天国之乱，屡函催广东汉口收庄，而汴梁已为收庄，成都人已归来，并且信稿从二月十四日录起至十二月初七日止。二月至七月字甚工体，八月已草，九月以后更甚，可知日升昌在咸丰十一年冬天事收缩，多为裁员，于是抄录信稿者，亦属草草为之。参考刘庆和所记协同庆成立之因(《中央银行月报》第六卷三号)，各票号在咸丰十一年后曾中衰过一次。

二月十四日收到第六十四次信 (十二月九日平申)：

初七日由田沙去六十三次信，十八日又寄去信封一封。俟至收阅，寄信后收会汴明年正月半交咸亨泰足宝银二千两。在平至年终收无色宝银，净得路期，定会汴明二月初一至初七日交日兴盛足宝银一万两，在平明夏标收足银，满贴咱费银一百十四两。所合此项，皆因有广合明正月，二月，三月汴收之项，故而收之。今统去另启一纸收阅，咱邑钱数一千五百文，刻收到。致伙由常起另信一封，内详已悉。专此。

再至广东交之票，往后无论何处，俱要竭力收会，皆因彼处收项极多，交项渺少，且彼为了交项，收会开处之项甚为有利息。自咱口号之庄，先定收撇，皆因不教做票起见。今既定办茶，口号必得长住人位，专为办茶之事。口收之票，祈各处皆不可交会为是。又及。此系平寄各处另启收阅。

同日收到六十五次信 （十二月二十四日平申）：

于月十九日由汉寄去第六十四次信，内统另启一纸，俟至收视，寄信后定会汉二月十五日收元丰玖足宝银五千两，三月初十日收足宝银五千两。咱在祁现交伊镜宝银每千两得费银五两，又交会汉明正月二十五月底收合盛长足宝银二千两，二月底收足宝银二千两。咱在祁明春夏标各交伊足宝银二千两，得期外，满得费银二两，又交会汉明正月初五至二十日收永逢源足宝银一万两。顺在祁明春标交伊镜宝银，得期外，满得费银五十八两。所交会汉收之项，皆因汉号不存甚银两。前看汉湘办买红茶，又接口信其地别号做开，明春沙湘交之茶票，今对期每千两得银七十两之谱，后手尚许有涨。大约明年口地与咱处办红茶之家，定不能少，而南路之银，各家均无存项，明春咱处收茶客之票，亦有大涨。如贴费合适，平铺拟明各会汉交银数万两，咱邑钱数一千五百文，刻必蕙文荣伙均已抵铺，专此（至于广茶明年不办）。

再至广收重交之票，前接重信不宁之甚，所以不教广收，但平离广重路，隔数千里之遥，实难预知，果否静宁。嗣　广号查问，如重平静之日，红茶之票，仍祈照常收会收，不可让他人收之。至有军务之地，不可顶去收项，甚为至要。汴伙张陶琴，高奋庸，刻已抵铺（又及）。

同日又收第六十三次付信 （十二月十八月平申）：

付信并复抄另启与正信相似，随付信有重成不宁另启一纸。昨接重成两处来信，军务甚是紧急。成都左近四面贼匪扰乱不堪，兼之省城劝逼捐输,以致生意之家实难存站,平已寄信去矣。即着应伙速归重号,暂作躲避。至重地一二百里,亦是贼匪搅扰,人心亦属惊惶,如再不妥,亦要迁动。祈为见信之日,万不可做成重两处收交之票。至于京口汴沙长均已定收庄,不可做此几处收交之票,亦不可存银。总以寻下交项再可做收项,以待时势而动。着成重之地如不碍事,我号尚可暂行小小而做,收南交北。重成若坏,成号各码头亦得暂行归结。至广东之地,向来无甚交项,收项属多,务望各处时常竭力收会广东之票。广号总教时常有点空项,皆因时常,此地收项即易之故。至于广号往后如有交项,万不可收票压存处两,总要时常空一二万两。没有些风吹草动不宁,即可收票弥号,亦是得庶保无虑。至往出交会,务要额外小心,择其保重可也。合之时势,非比早年太平之时,务要刻刻虑及,不可照早年涌交涌收,收此交彼。虽是广号一收一交不存银两,而他处收下许多,设有变动不宁,亦是过归于广,到彼时悔之晚矣。宁可保重少做,万不可失察。祈以照信而办,万勿以平之言为戏耳。记之记之!平铺所叙者,皆因各处均是朝不保夕,并非别意,兹望保其久远之记耳。若是保不住等利从何来。又及。

三月初十日收到第六十八次副信 (正月二十三日平申):

于十七日从沙转去第六十七次信,内线另启一纸,俟至收视,余不再冗。十八日接广四十六七次信,随会来六日底,在省收长发丰银一千五百两,又票收广成瑞银七百两,并统来伊会票一张,以及各号之信,众支银两,外接之账,流水账各一本,均各照信收明领悉,逐宗注录矣。寄信后定会汉三月初五至初十日交义亨和宝足银五千两,在谷春标收镜宝银,得期外,每千两得费银一十五两。又定会汉三月初十至十五日交合盛德足宝银三千两,在谷春标收镜宝银,得期外,每千两得费银一十七两。又定汉三月初一至初五日交三和公足宝银六千两，祁春标收镜宝银，得期外，每千两得费银二十五两。又定会汴二月底交兴茂隆商行宝银二千两，在平对期收足纹银，无贴费。至于汴梁之庄，本拟早为收结，皆因由广会去汴二三月之银，以致不能收结，俟将广会之项收清，定于赶五月底收结回平。见信之日，不可做汴五月以后之票，所有京都之庄，定于收结。无论长短，万不可再做京都收交之票，至要至要。再至广号既可择其殷实之家，往湖南、湖北顶些三、四、五月间收项。如无银两，值此湖南、湖北用银之际，即弄几万两则亦可，俟后陆续再补。至来信所会见票收广成瑞七百两之项，平馆向伊招呼。据云实在无银交结，尽指卖货之银。但卖之期，至早总是夏标收银，无奈与伊转在夏标，俟到期收清，再信详报。目下钱数一千五百二十文，余无别事。专此。

三月二十四日收到第六十九次信（正月二十八日平申）：

于二十三日从汉转去第六十八次信，当日由沙转去副信，内报一切，俟至收阅，今不再叙。二十七日接广四十九次信，五十次信，随会来收庆丰恒九九五平镜宝银七千两，又送省交聂太爷足纹银二十两，并叙一切，均已收明领悉，注录转往矣，但广来信所做收交生意，过于凶猛。平铺去年屡次有信，当今之时，非昔可比，广号总以减半小小而做为妙。广号置若罔闻，竟然持其胆大，涌收畅交，设有不测，悔之不及。至广来信收交之票，虽有点利，皆不合平铺之意，皆同时势不对。照广所致，诚恐各处受滞之故，广号往后收交票项，照今次所来之信做三二成即可比如广号今番所会湘交守砚堂银二万两。值此碍滞之际，会此成总之票，一时措手不及，岂不玷辱字号声名。幸而巨兴蔚湘有存银，咱号在湘收过平铺春标交伊银一万八千三百两，设非凑巧，湘号有此成总收项，难免有误期之事。往后总以谨慎小心，减半而做为是。目下钱数一千五百二十文。专此。

又统去平致世屿伙一信，又算账另启一纸，至祈收阅。又及。

另启者：刻咱号之账已经算清，余讫日用本金并一切费用而外，净蒙天赐获利银二万四千六百余两，按人银空股均分，每俸应分银五百一十一两八钱，连薛姓所骗者并各处撇疲账，共计撇过银二万两，所有各处往来花名皆已查兑，均属无甚差错。惟文荣伙不听平舒收庄之信，任意拖延，以致惹出薛兰第骗银之事，秉驿伙回在成违败平铺之信，拖欠二千余金，至今不能收结。兴本伙现在身有病疾，以致不能经营。兼之在苏住班所作所为，一切究竟办理不善。以上三人均辞出号，附报知之。所有咱号并中记　该之疲账，务祈竭力讨收。今年会兑生意，实无望，须各处张罗多收些疲账，亦是好事。又及。

四月十一日收到第二十一次副信　（二月二十八日平申）：

于二十三日从汉转去二次信，内云一切，俟至收阅，今不再叙。见信之日，广号设有余银，若是往出顶兑银两，总以择其殷实之家，往平泾二处顶兑为是。如要交会别处，以犯号规而论。务期赶紧归结，迅速回铺为要。随统另启一纸，至祈收阅照办。目下钱数一千五百二十文。专此。

刻敬修伙平顺抵铺，刻接汴来信，公昌福该咱广会之项，并未按期交来，现在尚未收接。就是别家之项，逢此时势，难料将来是何样式。平铺前次与广屡次有信，不教交会过结之期，所虑者亦是诚恐。所会之项，尚未到期，而该处先行搅乱，以致将银化为乌有之故。又及。

另启者：刻接汉号专足来信，于初八日贼匪串通夷人打破黄州，忽于初九日汉地惊惶至极，大小居民铺户四外乱逃。似此出其不意，大众皆乃措手不及。现在账班中佣交茶票之银，总在五六十万之谱，惟元丰玖、蔚泰厚二号连现存并出放者，每家总在十万有零，其余众五七万以至二三万者不等。咱号外该浮存银二万四千之谱，钱一万九千串,存现银一万六千余两。又从沙发到汉红铜一千五百斤,西碌三千余斤,点铜四百余斤,刻下将现存并货皆已摇运船上,伙友亦皆上船。贼人一到,定往樊城通源店逃避。又闻于初六日赊镇已经失守,所有银钱货物,尽被贼人掳去。如此一来,乃是苍天杀灭票号。若蒙上天庇佑,贼人不到汉口,吃亏尚浅;如是一到汉口,吃亏无底矣。见信之日,各处总以归结,赶快回铺为要,愈早愈妙。早回一天,即算有功,万万不可霸占不舍,至悔于将来。切嘱切嘱,至要至要!至收庄之事,乃是东伙议定之事,定而无疑,万不可二三,亦不必写信商议,徒延时日。总以速归早回为要。专此又及。

八月二十二日收到第十次信 (四月二十四日平申):

于二十二日由沙转去第九次信,俟到收阅,今不再冗。启因平铺屡有信,教广停止收交票项,总以赶快归结回铺为要。而广号置若罔闻,屡接来信,屡收京票,不悉是何意见。见信之日,务将京票停止,不准收会分毫,总以速行收结,是为回号为妥,愈早愈妙,万勿迟延,庶免东伙日夜悬念。至所存之茶,无论如何,总以速为出售。所有家具,一并卖清可也。俟收交之项归结清楚之日,设有余银,速信知照湖南,着其由彼抽收可也。犹豫不决,将平信置之度外,仍然率性收交,至各处跟上受无穷拖累也。现有广会汴票可比,至今尚未收清,以致汴号一刻不能回里,不然汴号早已无事回铺矣。总言之,务以速归早回为是,万万不可再为迟延。早回一天,即算有功,至要至要!目下钱数一千四百六十二文。专此。

丑 中期信件

前面的信件,是平遥日升昌的道光三十年,咸丰元年,咸丰十一年的三种信稿。现将平遥协同庆的同治十三年，及祁县元丰玖的光绪十五年、十六年的信稿抄列于下。

协同庆的信，是由平铺给各分庄的信，其中大半系指示营业的方针，全年共计一百三十七封信，全录太长，今将首两封、末两封照抄，并于每月择抄一封，但原稿缺九月。

就协同庆给各地的信，计汉（湖北汉口）十五封，湘（湖南湘潭）十二封，沙（湖南长沙）十三封，兰（甘肃兰州）十三封，重（四川重庆）十一封，西（陕西西安）九封，常（湖南常德）八封，成（四川成都）八封，原（陕西三原）七封，沃（山西曲沃）六封，上（上海）六封，京（北京）五封，凉（甘肃平凉），秦（甘肃秦州）五封，沈（沈阳）一封，津（天津）一封。其分庄共有十七处，但多在黄河流域及长江流域，广东为太谷的志成信、协成乾的势力，协同庆未能加入。

元丰玖光绪十五年重庆第十四次信，知当时票号在重庆者，有协和信、存义公、大德通、大德恒、中兴和、蔚泰厚、协同庆、百川通、蔚长厚、蔚盛长，连同元丰玖共有十一家在重庆。

兹择要分录于下：

1. 协同庆信稿

十三年新正元旦寄汉第吉次信内再启：

再所收兰州之饷，以前者存银而论，未尝不是，但前者之银，平铺切责西汉涌收，而兰伙自是勉附，平信少为贪做，辗转之间，定是空虚，若汉号再为涌收，则兰伙定是怅惶拮据矣。以弟之见，贪大宗不若做小宗，大宗不免夹赔失措，小宗自是大家和平也。此后再收兰饷，务以无期，一二万为度，呈兄知之。即四万亦未尝不可收会，但惜其一期，未免不合。况道路远近，难得计算，若兰号存少自必猛收西原，西原存少自必猛收汉口，汉口存少自必猛收上海，上海存少自必出大利而又猛收汉口，若然，则一宗不合而夹赔，岂有底止。望兄体贴此意，细心照办，是祷。

同日寄湘第吉次信再启：

再郁庵兄到日，吾兄回铺亦可，去江西亦可，自行酌夺，以宜为是，呈兄知之。

新正十一日寄湘第二次信内再启：

再闻延龄赴沙，坐轿前往，检阅前信，系与颐吉偕行。果否坐轿，岂能不知，祈即询明示知。是轿是驮，不必相欺。若说假话，弟亦不让，不惟坐者不让，即说者亦不让也。若能自行检举，亦算不了甚过，若离号三十五里，即无恶不作，掩饰相欺，未免实在可恨也。望兄询明随信答复，不必观望，筹待常信也。呈兄知之。

再福星升之事，不慎于前，懈怠于后，瞒昧倒账，意在何为？祈即设法催索，早行了结。后凡事精细，实在架不住老兄如此也。务必照办为要，并将常号来往暂计，每月开折细注为定。

同日寄第二次信内再启：

二月十二日寄汉五次信内再启：

再阅来信，所收兰票三万两，得期五十五天。惟会票之道，存银多寡，道路远近，不得不计，若漫不经心，随意收会，诚恐欠妥。是以前信，呈明日期银数，务要细筹，免致怅惶。况兰银已经交空，汉收四万，兰交四万，他处不计，今则又是三万。以此计之，百日之内，交出十余万银，一隅之地，深恐拮据。更加官项急如星火，万难通融，或有紧急，定必吃亏。即与西项比较，亦要得期四十余天，兰州更远二千余里，则十天之内，即快足驰呈，定是不及也。是以望兄以后于收兰饷，务必以此二信，细为筹划，庶几妥当。弟不敢画定版样者，以会票之道，变化无穷，万难拘执。呈兄知之。

三月十一日寄西第八次信内再启：

再阅来信，以谓粮台借贷，酬用由萧清案内保举云云，在朝廷不负百姓，有劳即录，在商民诚心相助，亦不过望，吾兄所见，未尝不是。惟前者之保案，不惟我号不知，即别号亦不知者居多，暧昧保举，夸耀乡党，本身有福，思逮父显荣宗耀显，冠冕极也。果属何功，而受朝廷若此之褒崇，似必歉缺。以弟之见，自有铺规。我号捐输，以七两记账，此则由号之劳，并示出银，似与捐输有间，然不记账，又不说明，似近盗矣。此后此种保举，一律定以三两五钱由平记账，若兄欲用，祈即开呈照办可也。呈兄知之。再秋冬标之银，屡年不松，已成故套，祈遇机会与每标交会三二万两，预前交会，不谓多做生意，即西原或有临时紧急，亦可多收平谷也。或无紧急，则平谷亦可预远借贷，因借贷过重，加之世道不好，不得不小心小做也。以弟约料，兰凉之饷，能通则不多存银两，既不多存，则定是随收随交。既是随收随交，则西原亦不能拮据，是以服兄体贴此意，留心照办。呈兄知之。

同日寄长第八次信内再启：

再所收上交之项，务必细为计算，因上地自按压以来，收项就少，推其原故，我号是无福建、广东以及扬州、清江等处接济耳。筹划此种码头，必得时刻留心，大宗交项不可贪做，不然不免吃亏，望兄照办是妥。

五月二十五日寄西第十三次信内再启：

再西安之交项，近年以来，俱是下半年多点，然不止一多。倘属甚快，前半年少点，不止一少。倘属甚疲，屡年至此，可想而知也。故于三月初五日，运城之官项一万约计西银有余，即不写信，应该截交，谁知候至临期，并未截交。弟想西号总有用项，不然焉能不交。不料阅到月清，现存一万数千金，净存钱铺一万数千金而运沃无银。收来平谷夏标交项而祁谷又以九十三两借贷，长期浮存西安等交本处票项，则夹赔亦可想而知也。此后望兄自行细划，或应何以流通活动，迟速紧慢，不夹不赔之处，吾兄自行筹划，鞭长莫及不得耳。呈兄知之。

六月初五日寄京第二十三次信内再启：

再恒丰益之事，前于沙信题叙，昨日渝信亦到，系成票四千，上票三千，允升元借贷一万，浮欠二百余两。又庆余堂会汉一万，若论交厚，四千会票亦不为多，惟捏祥记一万，实在不知是他。所可恨者，伙友回平，俱称不好，一钱铺借贷，捏号会票，身为大掌柜，貌似谨慎，而谨慎安在哉。再可恨，成票系四月半二千，月底二千，今五月初十日之信，成伙尚不知该号倒塌也。或者有信该银尚许未会用完，即使用完，而胡诌边则，许未会发出，不是要银，尚可扣货。概不通信，何由得知，素行精细，而精细又安在哉。弟外刚内和，屡经不断，引咎自责，良用叨愧也。呈兄知之。

七月十三日寄秦第十五次信内再启：

再阅月清聚兴泰浮存七千八百余，永顺源浮存五千八百余，连别号共浮存二万零八百余，既俱待交票项，日期过久，何不存余自己箱内，或有用项，岂不方便。加之泰州钱铺，并无殷实底里，询之时清兄，亦谓俱系一二千两本钱。照此样式，架不住浮在万数八千，即千数八百亦要时刻留心，以防不妥。照此粗心胆大，所有皆存钱铺，自己看守，亦不欲不知，何以筹划也。以信到日，谅已过六日标用光。日后再有存己，务要细为打算，或酌存于钱铺一点，以显应酬，或择放点知期，以免白压，或应存于柜内，则更妥当方便。生意之道时刻留心，尚恐不周，若任性大意，后悔岂有底止也。况既为一庄领袖，是应自为料理，妥为酌夺，不应待远隔数千里，弟又琐读也。凡事留心办，是为至祷。

八月十一日寄重第十七次信内再启：

再阅湖南月清，未收祥和乾二万两，虽系底里殷实，逢此世道，亦属过重，此后以五千两交接。总之牵连码头，难保此交五千两，彼交五千两，南五北五，合而计之，则亦不少矣。呈兄知之。

十月十九日寄长湘常第二十一次副信内再启：

再阅月清未收仍是二十四万五千余两，结存七八万，前曾有信，因时候不好，意在小做，三处未收，统共不得过十万。检查信息，已蒙入览，望即体贴此意。今冬迟票少做，即便做点，不可不照前信十万之信照办也。呈兄等知之。

同日寄西第二十七次信内再启：

再西安之银，或有用项，望祈仅收兰凉之银，祈即与粮台商酌，以得流通。因得兰信所称，由兰即使现交，该台亦不应承，祈即由西照办是祷。

再西原之银，已与原号有信，若有用项，令抽汉口银两，祈即互相关照是妥。

十二月十九日寄原第二十九次信内再启：

再汉号正月之银，前信已经呈明，祈暂不必收会其二月之银，因平号所收不少，亦祈不必收会。若有用项，或是筹划生意，布置银两，可收三四五六月之银。其不尽之筹划，望兄再行才酌是妥。

同日寄凉第二十四次信内再启：

再得西信，知粮台之银尽被天成独交，而我兰之银愈存愈多，不留心作养，不竭力张罗，而仅以信词粉饰，未免可恨。敬唐兄到凉，祈即告知，并祈兄等一体留心张罗，庶可不落天成之后矣。呈兄等知之。

2. 元丰玖信稿

元丰玖的信二册，是光绪十五年及十六年合订，一为老号重庆信，一为老号与北京信，其中间附有电稿及原电，其信系将原信贴成一册，其信系另有人书写。主管者，其名下书一字为顿首作为画押。其收信日期，系阅信的人所填。重要的信件，尚有点句，亦系阅信者所填。

信多有附录，正信系报告营业，附录系说明市情等。正信信尾为“上〇〇老兄青照”，另行下书寄信人姓名，再另行下书年月日内某处申，附录放在此后，首为“再……”，尾有“又及”二字。

元丰玖光绪十五年重庆信稿：

于月十一日由沙转去百六十二次信，内布各情，想早收阅矣。于十四日收接第三十七次信，内会来重六月半底各期交立大号银三千两，与伊按期各立有会票一张，无砝，其平照新沙旧平比本平每百两小二两四钱六分兑。并云各情均悉，泐底勿念。兹布重收会去上六月半交松茂西豆规银一千两，重八月丰收伊旧平票银九百七十三两，以九百三十一两五钱扣，过上账外，核共得伊费银二十一两六钱三分。与伊立去会票一张，无砝，其平照申公砝平兑，至祈泐底照交。与重注账为妥，又收会去沙六月半交裕泰森老银一千两，同期交和记号，荣记号老银各一千两,重九月半收伊等票银三千两,共得其等费银三十六两。又收会去沙六月半交同昌利,夏永雕老银各一千两,重七月半底各期收伊等票银一千两,均无费。又收会去汉五月底,六月半各期交聚兴仁足纹银二千两,重九月半底各期收伊票银二千两,共得其费银一百零五两。又交会去广七月半收福雕隆藩银一千两,重现交票银八百七十两,以九七扣,过广账外,核共扣其费九十两,再沙会重五月二十五日交恒记号票银五百两,月底交公记号票银二千两,汉会重五月底交祥记号票银四千两,呈知。刻重月息一分,钱值六钱一分二厘。专此布。

上

子霞老兄青照　　　　弟王清才顿首

　　　　刘培颐书

第二次信:

六月初九日收　　　　己丑五月廿一日由重申

第十四次信附录(于八月十一日由重寄　八月二十五日收到):

再重钱店德成永,因嘉定帮倒榻,牵连该号,谣风四起,又遇银紧,非以致不能通融调转。初二日夜,该号管事黄视桥,随带账簿席卷逃避。于三日该东陈巨川将我帮有往来之家,均请到伊铺。据该东陈某云及,伊事黄某今既已瞒伊带账逃避,所有欠外、外该之银,伊亦未会在铺经手,问诸伙,暂亦不果约计大数。其余微末,伊亦不大详确。现在伊约已招,暗派妥差,严密查拿,将该我帮之银,无论已到期未到期,恳求暂为期不交,候伊半月十天。如能将黄拿获更善,倘查拿不到,总有伊招,或是如何,再作商量。虽说如此,察该号情形,嘉定帮倒该号,银数巨,吃亏非在浅显,亏空甚重,无甚抵款。目刻该东虽未明言讲账，观该号景况，我等吃亏定数。所有该外之拨，统共八万余金，计该咱号银千三百两，以及该国帮之银，另有花名单统呈。其余外帮暂尚不确，俟有式样，再为详报。特此奉知。

计开德成永该外花名：

协和信二万零　存义公一万五六　大德通一万四五　大德恒六千　中兴和五千几　蔚泰厚四千几　协同庆二千　百川通二千　蔚长厚二千几　蔚盛长一千

渝城本号开

光绪十六年京都信稿（正月的信亦用红纸书写）：

时值新春，另柬恭贺。启者：于客腊二十二日由福兴润寄去第二十七京信，内报会上二月二十五日交保吉堂豆规银五千二百四十五两。与伊去会票一张，无砝，其平照申公平砝比本平每百两小一两兑。并统去五堂等收条三纸，京报十本，京致汉沙重信各一总封，祁到上一信。又周人信五封。及呈各情，想可收阅，备交注账各转矣。于腊月二十四日接五次上信，内会京见信交任观亭足纹银二百六十两，又交钱大人松江钱百八十九两四钱六分，又交姚大老爷松江钱五十两，又交赵鹤亭松江银一百两，均无票砝。附来伊等会银信各一封，其平皆照京二两平兑。并统来上致祁济各一信，济信内有会银一封，收条三纸，公文一角。又汉致京一信，内有会银信二封。汉沙致京济各一信，重致济一信内存收条二纸。又外信三封，其余一切皆已详悉，照交注账各封矣。勿念兹布。现收会津见信交万降纸局化宝银三百两，共贴其费银一两五钱。又现收会汴见信交李福田足纹银二十两，得其费银五钱。又现收会济用村正月二十日交鸿兴永足宝银五百两，共得其费银三两五钱。又与恒义蔚转会东口年标代咱交济会长盛成足宝银二千两，大生和足宝银四百两，京腊二十七日交伊足纹银，无贴费，再津会京见信交冯笏轩等银八百五十两，又京后二月二十日收承记足纹银五千两，汉会京见信交义顺成银四百九十四两七钱，沙会京见雷交易贡二足纹银六十两，成会京见票三五天交惠泽之等银一百八十两，汴会京见信交郭明齐等银一千一百三十四两九钱。又周会京正月丰收大德源足纹银五千两，济会京见信交张绍庭等银三千一百九十两。又京转东口年标交大生和等银二千四百两，一并呈知。今统去邵荫庭三十六两二钱三分，钱大人九百七十九两四钱六分，任观亭二百六十两，赵鹤亭一百两，姚大爷五十两收条各一纸，京致汉沙重信各一总封，京报五本，祁济致上各二信。又云彩兄一信，陈光全王国瑞、王秉思各一信，至时收览各转。笔下京地月息等无市。此布。

上

惠民老兄青照

弟李树立顿首

李光裕书

六月二十四日收

庚寅六月十三日由京申

再呈：京畿左近，自上半月后，连绵大雨倾盆，迄今为止，各街巷口倒塌房屋无数，淹死人口亦属不少，粮价各货　然昂贵，皆因四处水息不通，人心实甚惶恐，诚可畏哉！京地市面碍滞，早在老兄等洞鉴之中，而刻下更甚于前。弟甫及到京，即遇此雨，到将街市闭塞。现在估计，京号本月内短金，连浮存已在三四万金，毫无抵款，收项缺极，不惟别处之票，宗项概无，而津票亦系万分困难，及致本帮帮票，短期借贷，近来概不问闻，掣肘情形，难以言状。息瞬川省二批京饷又到，本店预为安顿，万难如愿，以奉信前来。乞伏老兄等俯念弟甫经接手，即遇此市面异常阻滞，千万可会来京地七八月间成宗交项。一时地面活动，但能调转，自必速信奉。窃思咱号银缺，各庄皆然，不过老兄等练达老手，较京号易于张罗。并非虚词遮饰，只顾自己，不顾别庄，实乃势逼所为耳。至祷切祷。

第二十三次信附录（十月二十二日韩春阳由京寄，十月三十日收）：

再京号本月内短银，实在无法弥补，拮据之情，日甚一日，既不能周短期，现下银两，大显紧缺。祁太之票，本帮外行，概不相问，现下川专员，虽然未到，大约不远，设若本月上兑，京号束手待毙定矣。属信恳求老兄等，不料皆置若罔闻，或者老兄看京号尚是仿照从前管事人办，尽以虚言希图塞责各庄，若以此想，系不知弟也。弟并非不扣险之人，实乃事势所逼。老兄等精明练达，急公素著，弟素所钦佩，断不能看弟笑身，瞬息大节，各庄会京零星，定不能少，尚有川省四批京饷，亦在月半左近，安顿收项，难之即矣，不惟各庄会京巨款连绵不断，即零星按现下情形亦系不能支持。打电告急济汴，回电云皆不能指事，津号亦系常收京巨款，日夜愁虑，无力可使。是以于十二日打电恳上接济云，上元丰玖蜜十月内短银三万，冬腊月现估短银五万，火速分京二万，否则万能过。日日盼望，直系望梅止渴。日前接到上海复电，皆云不能指事之，不甚焦切，如坐针毡一般。如此一来，年内万不能过，眼看招牌摘于手，老兄等何忍心乎！刻下时事，变迁莫测。即如本月半，市面纷纷，银两大紧，各家皆在库项之际，若非由津发来现标八十余块，险些逼得出乱，可怕极矣。彼时乃系皂白不分，不管字号好歹，即出月息二分，亦不能办事。思维至再，无处可钻，伏乞老兄等见信，仍照前祝，赶紧设法接济京号二万来金，能多更好，愈速愈妙。此乃出于万分不得已之计，但有一线之路，绝不逼迫我上。务祈老兄等格外破例照办，弟不胜心诚拜祷于无既矣。

再统来老兄等封典，照嘱列领轴一事，遵照办理。惟子霞兄空白执照，嘱向友人到部，按各层执照，填注册簿等谕，弟已托友查去。如此册案，早已咨部，即可添注。诚恐此索，示曾咨进，即花小费，亦不能填注，只可领轴可也。先此附闻。

再京地现下瘟疫甚炽，皆系咳嗽头痛，浑身乍冷乍热，骨节疼痛，染此症者，各家皆有。惟咱京伙，染此病者六七位，轻重不一，现值天短事繁，实在不敷办公，是以不能应期发信。此情呈知。

3. 附录电报

中国的电报，创自光绪五年，是由天津至大沽总台之线。六年则有天津直至上海、济宁、清江、镇江、苏州，连同大沽，共有电报局七所。十年由上海至汉口，由上海至广州，又由天津至北京，并至山海关及保定，至十五年已由票号所采用。

元丰玖于光绪十五年改用密电号码，观后函可知(原函系第十次信，附录于后，七月十一日由渝寄，于七月二十六日收到)，并将收到的电报抄录寄还，以校对有无错误。

后附有元丰玖于光绪十五年由北平致上海电报，用铜版印以观当日电报的式样，而知当日票号采用之情形：

再重自设有电报局以来，我号各庄，遇有紧急要事，均行打电咨照，彼此各庄，往来答复，取其速便。重想电信报事，虽是速便，又能济急，妙不可言。而事不能瞒人，与事有些妨碍。倘因要件，若欲用此电音，必须其中另设妙策，似觉妥善。今重议定，俟后重倘因要事与我上号打电，重定于按电报号码，即比他用0001我号加一小码，用0002。他用码下之字，我用码上之字，所有地名字号，仍用伊原码，庶免要事外知。特此奉闻。之是俟后我上号如要与重打电报，亦即照此法推用，务望照办是祷。附知。

冬月初十日下午三点钟接上来电原底一纸：

元丰玖知：有上会重冬月底交福成号抬头二千两，替止交。万一不行，只可照交为荷。

渝城本号寄

冬月十二日下午二点钟接上电报原底一纸：

元丰玖：前上电止交福成二千两，刻已说妥，俟期照交勿疑。

渝城本号寄

光绪十六年的电报及关于电报的信。

闰二月十三日下午六点钟收到上来电报底稿：

元丰玖，本月底交款甚巨，紧急万分，祈重赶紧与上电交月底收银三万金。勿误。

庚寅二月十六日渝本号开

再日昨接的来电，令重与上速为电交银两等情，接电之下当即设法搜求交上。无如不说费银多少，电交之银，概无收主。目刻正直暗托契友代为觅路。抑或同帮肯作，均无不可。倘不能如愿，只可嗣后。如有用主，与上交些近期收项，所有今次收上之款，实系原前预定生意，尽数报告，至祈原谅。评兑交高是祷。后首重号暂为停止，定于勿收上银，至祈勿念。随附去来电底稿一纸，核对是荷，又及。

此系第四十九次信附录，此信于闰二月十六日由重寄，三月初二日收到。

寅　后期信件

票号最发达之期，在光绪二十六年至宣统三年之间。系光绪二十六年因八国联军之役，清德宗仓促出奔，从者均乏费用，路过山西太谷，祁县，平遥票号之根据地，各票号因素与官场均有往来，故咸借给费用。待其事平，票号在清廷信誉大隆，因而有代理国库之举，此其发达之主因。观光绪二十五年祁县大德通官场往来信稿，可知一般。不宁惟是，借此知清德宗出奔及各国交涉之情形，又可作近代史料之参考耳。

六月十八日与程伯诗翁寄去一信：

伯诗别驾大人阁下：十三日曾肃寸函，内呈十二日接申初五日回电，据云尊款在申备足，汇晋甚难，在申立候交给云云，此情谅邀钧鉴。迩杂政祉绥和为颂。昨天惠书，敬悉一切。所云上海存款，大宪屡催，需用甚急，仍令电催韩育甫，即日尽数汇晋。只要汇回，晋交不妨稍迟。且蒙知会平遥电局，因事关公积，令与小号速打等情，捧诵之余，感愧曷已。窃小号蒙阁下不弃者，已经数载，但能设法为力之事，虽损縻顶踵，当所不辞。是以昨晚得信后，由平又与韩育甫去电，令其将款设法汇晋，不料电杆到平时，据云介至张兰一带，电杆拔壤，各处电信均不通。电信线已经不能指事,复向祁平鄙同帮遍询汇晋。奈数目多少,无人承汇,盖因时局日棘,市面银钱滞塞之故。似此电申不能,寻汇不得,惟请阁下另想他法,或就省与别号顶汇,或饬人到申提取,但款存申,总以到申提取为善。肃此奉复。借请

勋安诸希

鉴谅不宣

名正肃

六月十九日与阎成叔翁寄去一信:

成叔观察大人阁下:想迩来清祺畅适,履祉绥和,至以为颂。刻奉钧谕,敬领种切,承问陕西汇项一节,适鄙伙于昨日由陕回祁。据云尊款于五月底已经交到详细,随带来书号信一封,兹随统去,至希查收。其银小号在祁备足,至望

敬酌。或何提用,祈示玉银,以便小号通办为妥。肃此奉复。

敬请

升安。并颂

夏祉百益

名正肃

再:此款本拟磕省候用,奈小号目下适无存款,寻磕数家,未能遂愿,只可稍缓,再遇宗项,如宗处能于磕来祁收,小号目下即能交也。附此。又及。

七月初三日收到王静轩翁寄来一信:

乐哥如晤。前在昭余获伸积悃,稍畅郁胸,只以公务牵涉,未刻久共西窗,不无歉抱。满拟初秋赴省,已践旧约,奈近来神拳四出,穷乡僻壤,亦均成为风气。都中、津门及省垣焚毁教堂,翦灭洋党,几至血

流漂杵，各大宪亦无暇晷可以闲谈，俟稍平定时，再为作汾水之游耳。闻都中不可闻问，中外相持，大有不了之势，所有各处生意，岂能无碍。贵号究竟作何安置，乞顺便示我一音为荷。目挚时难，深抱杞忧，此亦天之大数，非偶然也。近日有何新闻，倘能便中示及，忻感无既。余惟心印，不宣。专此敬请台安。统希

爱照万一。

小弟王制用霖顿首

七月初七日与王静轩翁寄去一信：

静轩仁兄乡大人阁下：前蒙驾临，慢甚慢甚。近接手谕，备悉一切。借谂谭祉绥和，为祝为颂。承询顺直军将暨鄙号各处近日情形，谨为阁下大略陈之：义和团自五月大肆猖獗以来，初则折铁路毁电杆，继而焚教堂杀教民，甚至拒官兵戕武员，蔓延顺直京津等处，已成不可遏抑之势。至五月十七八日，在京津两处，公然放火焚楼，杀教民，毫无忌惮。此时国家名虽剿办，而其实已有艰匪止遏，不得不借而用之之心矣。自二十日前门大街大火后，拳匪合董军与洋兵在京日日开仗。嗣因社士兰照会我国，退出大沽，归伊看守，否则力取等词恫吓。国家于二十四五日遂下决烈开战之谕。诏旨既下，大沽已失，遂成不可收拾之局矣。闻京城所持　董军，开仗几一月，洋楼尚未尽破。天津所持　宋军，持至六月十八日已失。其别军有不能战者，有居心不战者，亦有受贿而为敌人所用者，皆不克一指其事。闻津失守后，裕帅及宋帅皆退守北仓，聂士成十三日已阵亡，运司及道台受伤殒命，天津府县不知下落，即董军宋帅中亦有伤亡者，令人不胜惨怛。至拳匪之在京者，仍盘踞不进，杀大臣，抢王府，以诛教为名，几乎替天行道，虽二三品大员，畏其势无敢言者。皇上近似知之，而亦无可如何。其在天津者，初则尚有战者，继则远躲前敌。近闻有神通最大之团总张得成，

因纳洋贿，经宋帅已令杀之。又有一本领其大之曹团总，被洋人捉获，已经钉死。其余贪财畏死者，经宋帅已杀不少，该团之伎俩更可概见矣。其直属以及东西口奉天等处拳匪之仇杀教者颇多，我省省垣及附近处，焚杀洋教亦颇不少，天教人中无故被戕者亦层见屡出。太谷于初六日忽来榆次团名二三百，将城内教堂洋人焚杀殆尽，太原、徐沟、榆次、清源等属拳民既多，焚杀教民之事亦多，幸鄗县拳民尚少，则焚杀之事刻尚无之。闻敝县以西各府县拳民，虽有甚少，且亦不甚滋事。然此辈气焰，刻尚不衰，不知将来伊于胡底。想我哥肯为我省一设挽回之法否？至于京津军务，接鄗京号六月二十八日之信，闻虽有议和之说，不知果确否？惟闻天津仍是开仗，又闻省城言及亦有停战三礼拜，彼此议和之说，均不确切，究是如何？前阅抄邸，李傅相调补直督，未到任以前，着宋宫保帮办裕帅，李鉴帅、鹿滋帅奉旨均着带兵晋京，鉴帅刻已抵京，滋帅亦不久可到。此二翁到日，大事或可望转机，然非傅相至京，恐难成事。前闻南七省各抚督照会各国，共保商务，有南省不可失和之约，诚为吾等万幸，不然，则南省亦早经不堪矣。至鄗号各庄事务，除天津必须吃亏外，其沿海沿江各分庄，现只停做生意，尚无别事。其如川陕较远之庄，人心虽惶，尚不至概无生意。而祁号亦早飞咨各庄，令其及早收敛，设法趋避，幸各投办理尚早，尚不至于迟误。惟祝军务早息，则为吾等万幸焉。再近接济省王子青来信，据报地面情形，较前虽窒，人心尚称安逸。统有致阁下一信，随书奉上，至祈查收。其外带麻包一个，暂存鄗号，俟尊处有人来祁，饬即持函来取可也。附抄上谕三纸，拜希收览。肃此奉复。即候

侍安。并问

阖谭均好

乡弟 高 钰 / 吕永和 顿首

八月初二日收到雁平道恩大人寄来一信：

子庚仁兄大人阁下：甫寄函间，七月十七日接奉钧鉴，敬悉一切，欣谂事顺利为颂为慰。夏季鄙处应领之项，面托李荫庭兄代办，今承示下，已领代储，费心。豫敬之收条，筱山去年入都拨划，并来往齐数，花单一件，均收讫。容候胞弟瑞缉五霖前署臬篆本任广西左江道，去冬函至，有人都引卓异见之信，俟其再有函到，行期便可定局矣。前四月在省晤李荫庭兄，人极诚朴可敬，惜因其时天旱，即想还代求雨，未能访谈，且今抱歉。且承惠赐多珍，只好酌领，谢托，当即束装，午节到代，略静数天，赶为斋素，设坛祈祷，夜间自奉木郎祈雨经咒不至，三日已普落雨。奈自去冬雪少，地气干燥，而雨至虽小，以后五月一十六日大雨，通宵达旦，至六月初二日雷雨，初四五七初九十一雨大小不等，青苗发生可爱，而土烟收见加倍。六月初五日突来义和拳民，专同洋人、入洋教势不两立。前数日闻风即未雨绸缪计，传乡地转传入教者，皆我之民，倘风不和，各赴僻处一避，候凶风过，自仍安业。古云会无好会，禁令我人勿为煽动，其余官设法主持，传亦不久，其传纸之单街巷遍贴，拿无可拿。至折教堂时，多为幼童，迅速已极，下午即报城外拳匪杀乞丐。据称洋人使令撒药害人，周城文武会商，弟拟派妥人暗访其头目同恶几人，夜派教习锁拿严办。倘有敢于抗官，放空打之。刀矛向皆有之，选差帮护监狱为要；次日拿获倡首二名，同恶土棍七名押办，果众人向州抗拒，众官役放枪击之，从此风即行息矣。若辈试探官上举动，不容其恶，便乏枝节生也。闻归化包头，初七日到有商来，彼此询及，彼处已落雨。天津已停战三礼拜，各省防军多已到齐，李中堂已去津门。好在开仗为法日两国，其余皆愿保商务，天津府失，仅二百鬼兵，登时为彼处水会人心齐打退，鬼即出，城收复矣。仅运库失去银百万余，运司杨宋濂不知下落，而京中闻复一警矣。直是劫数，不容递矣。想贵处官尚　稳，地方当平安，念念先复，即请勋安。再闻

疏抚台七月十六日入都

弟名正肃

陛见，若能赴敌带，只杀贼却是相宜矣。又及。

八月初五与王静轩翁寄去一信：

静轩仁兄乡大人阁下：今早贵驭来祁，据云：迄今未得复信，骤聆之下，殊甚诧异。忆自前读华轮后，随于上月初七日曾经裁答，其函系由太谷转去，今既未蒙青睐，必系路途阻隔耳。兹仍照抄原信奉上，至祈并鉴。至所统之上谕三纸，一系与各国决裂，二系保护洋教等情，事隔多日，未复抄。敬启者：近日确闻都中上月二十一日已经失守，董帅退守保府，皇太后、皇上于七月十八日出京西巡到陕，由东口而绕山西。护驾者系瑞、庄、肃、庆四王爷，薄、伦、兰三公爷，贝子、贝勒四位，刚、起、英三大臣，余不甚确。闻不日即抵太原，鄙县已有传单，令办皇差，刻已安置有绪矣。大局如此，可胜浩叹，惟希我省不至糜烂，则幸甚焉。所有敝号驻京津伙友，蒙上苍默佑，俱获平安回祁，合并奉闻。近接鄙伙济南来信，据虽警报频闻，东省尚无甚变乱，缘赖

袁慰帅不辞劳怨，极力撑持，禁拳匪以送洋人，是以辛获安靖也，余不及。肃此敬请文安。并候

阖潭均吉不另

乡愚弟高　钰
吕永和合顿首　八月初五日

八月初六日收到平阳镇杜大人寄来一信：

子庚仁兄大人阁下，复者：昨初二日亥刻接到手书，并陕标公函一件，展阅之下，具悉宝号标银过境，令敝处派勇护送，当于初三日辰刻拣派妥人赶赴史村一带，探听消息。是日酉刻差回称：奉委后打听

祁镖，业于初二日路过史村，初三日一早由平易起身，各司欲派人从后送护，则相离一站，步队必追之不及，所有马队又于前日派赴省城，接护新军所领枪械，殊负重托，益增惭愧。好在敝部中旂于初四日派赴北路迎驾，相隔不远，或能虚张声势也。专此奉复。

即请升安。统希蔼照。并询阖号均吉

附缴后首如有所托，即请先速为示书，免如此次收信之日，票已过也。玉山附书

愚弟杜金标顿首

八月初九日与陕西抚台端大人寄去一信：

久违鸿范， 切凫趋，兹当香满蟾轮，遥企庥扬麟阁。敬维午帅中承大人寅亮天工，辰猷月朔，颂清风于五宇，兴永南楼，荷湛露于珠囊，恩浓北阙。鼎司预卜，节侯荣敷。钰等株守家乡，乏善可述，幸顽躯粗适，堪以告慰锦念耳。孰意今夏拳匪滋事，中外失和，致将鄙处现银奇绌，久欲滋外往家运镖。奈路途耽险，不敢轻举。今蒙大人格外关垂，赏派妥并护送。鄙号运晋之镖，于今晚得以平顺抵祁。威荷鸿恩，实无既极，知关钧念，用以奉闻，肃泐鸣谢。敬请

升安并贺

节禧诸维

蔼登兼候

五大人
六大人　均安恕禾另致

子才仁翁

名正肃

八月二十八日与王静轩翁寄去一信：

静轩仁兄乡大人阁下：初五日曾布一函，并附前稿，谅邀钧鉴。十五日接奉华翰，敬领种切，就谂文祺，迪吉为颂。承委代售骏骥一节，接信后即为遍询，奈值时艰孔急，愿买者甚少，又蒙惠赐，满拟号用，无如鄗京号这月初回祁，已带回包骡三头，目下足敷应用。询访之下，骡暂无人承买，其马两匹，尚有欲买之人，至请我哥斟酌。如其愿售，则祈遇暇时派人送祁，以便买者见货作价。但望于送来时，祈对价值对来人说知，以期易办，缘弟等不甚同行，不克从中酌价也。其骡子如近日在贵处售出更好，否则鄗处设有买主，再为奉信关照可耳。再呈：圣驾于十七日抵省，护驾者端、肃、庄、庆四王爷，公爷，贝子，贝勒等十数位，刚中堂、鹿中丞、桂月亭、赵司寇、锡方伯、陈学菜，宋、董、马帅等皆相继来晋，庆王、荣相皆由半路折回京都，肃王近日交由晋省带旗兵数千回京，守护都城去矣。闻随扈兵丁，尚属公买公卖，并不很为拨扰。前在晋直交界时，旗兵虽稍滋事，嗣经正法数人，迩来颇为安静。视其来历，圣驾在京，尚须多住，西巡之举，系缓事耳。闻李傅相于这月初航赴津，初八日已接直督之印，都门洋人闻已退津。又闻，傅相密奏，谓各国皆请圣驾回京，以便交还都城。又闻大内府库存储，洋人丝毫未动云云。似此情形，和议当许可望有成，是则日夜之所盼祷者耳。又闻洋兵至进京后，未多杀戮，王公府第，皆未烧毁，直境府县，亦未再占，所以彼此多日未战，惟直境逃兵实繁有徒，义和拳匪，其焰尚炽。近接鄗济号八月十八日之信，据称济省甚为安稳，海面虽有敌船游弋，而袁帅办理得法，是以各国毫无举动。据济伙云：只要海口无事，人心虽惶，济省者则属无碍云云。似此得一聪明大宪，不将东省受福无疆，则邻省亦莫不被其泽矣！言念及此，良深浩叹。敝处近来雨水又缺，人心尚安。太原府属拳匪漫散几尽，但不悉尊处者曾否散完，念念。兹附上照抄谕旨三纸，至祈拜览，泐此奉闻。即请

升安。并颂

潭府清吉

愚弟高钰
吕永和　同顿首

闰八月初六日收到桂月亭翁寄来一信：

石庵
子瑜　仁兄大人阁下：日前握别，想旋寓通吉为祝。銮舆定于初八日启程，路经祁县，特此奉闻。即候同安，拟到时趋叩不尽。

名正印

闰八月初六日与桂月亭翁寄去一信：

月翁司徒大人阁下：日前叩谒

崇阶，幸获

教益，感荷难言，正拟裁笺奉候，适接

惠书，蒙示　銮驾西幸

隆情关垂，感激良殷。想大人必随驾巡祁，已与本县台详明。将公馆备置鄙号。俟荣旌巡祁，即祈移节鄙号为叩。肃此奉复。敬请

升安。余希

朗照不宣。

名正肃

又八月十三日与王敬轩翁寄去一信：

敬轩仁弟大人阁下：前月八日，曾肃芜函，谅邀青睐。这月初三日，捧读华翘，内情备悉。统来致干臣并家人等信，均当速转。所谕王金夫妻，七月间业已逐出，恐到东省诈骗等情，当已遵嘱，咨明鄙东号并饬转知诸相好矣。所云　尊处并无专差来祁，恐系假等情，但前候

所叙专差一节，实系敝　误听之错，并无充专差，且无诈骗情事，并请释念。承　委询售骡马一事，前函业经奉明，兹奉烦渎。敬启者：圣驾于初八日由省起銮，初八日路经敝县小住一宿，次晨同王公大臣西幸去矣。随扈满汉兵丁，甚属安靖，居民亦未惊惧。一切食用，皆系公买公卖，毫无滋扰情势。董宫保于　銮驾前一日径祁赴陕，其护驾者庄、端二王爷，澜、泽、溥、志、定、博、桂公爷七位，肃贝子、王夔帅、鹿滋帅、赵中堂、刚子良、岑中丞、桂月亭等诸翁，所有马、宋二帅，奉旨驻扎山西，闻来把守固关等处各要口。似此情形，我省可冀安然。确闻李合肥于八月二十五日在京，已接直督之印，其和议之事仍无确闻。惟望和局可成，洋兵不迫，居民则可免受涂炭矣！盼切祷切。随附去上议六纸至刻并览是荷。余闻续呈，泐此奉上，即请礼安。并颂

阖潭清吉。并请

老伯大人福安

小如兄　吕永和顿首

又八月十七日与魏乐圃寄去一信：

日昨

尊驾晋省，辱荷光临，有失迎迓，怅甚歉甚。敬维

乐圃仁兄大人禔祉秋高，

政祺日丽，至以为慰。敬专恳者：此次

阁下晋省，可许领火药否？果尔，兹有鄙伙友数人，前曾托汉由省询买斯药，盖因街市尽系土药，故未购来。是以烦

阁下于领便时，务祈均用枪药十余觔，并望另装一匣，俟驾径祁时带下为感。但不知按领公价，每觔应该若干？

尚祈确实

示知，以俑各自奉赵可也。能否如愿，尚希

尊裁是幸。省垣近日有否新闻，议和能否望成，均祈便中

示知为叩。泐此奉恳，即请

升安。并希

爱照

弟高云汉顿首

又八月二十五日与桂月亭翁寄去一信：

月翁司徒大人阁下：月初荣旌径祁，并蒙尊驾枉顾，诸承优渥，感荷难宣，敬维

勋隆日茂，景福时增，为祝为颂。前委所顾送信专差，于二十二日业返晋省，今晚径祁，见有竹报两函，物包一件，详询贵眷，俱获安康，闻之不胜庆忭之至。兹令原役带信物，星夜驰赴西安投递，至希查收。所有赴陕足力酒资，由晋未提，至祈酌量赏给为妥，除前由晋付过该役银二十两，嗣后分两未给，合并声知。尤望于该役返晋时，到敝　号照拂。如有号信，带祁是荷。肃此敬请

勋安。并颂

升釐，暨候

少大人

子
乐　翁二位仁兄均祉，恕未另函

名正肃

临封信接奉由平转来

钧谕并毡垫一方，均已收领，递交前途，并请勿念。

九月初九日收到曹鑫寄来一信：

敬启者：六月念间，军行贵邑，诸荷关垂，莫名感谢。别后师次畿南，时以前敌军情决裂，未遑修候，耿耿至今。升帅简调藩垣，当亦不远。所部马步各军，于八月初旬在大同，奉　旨驻防紫荆关、灵邱一带地方，自中秋节前到防，现已分布妥贴，知关雅怀，用特奉闻。兹恳者：鄙友纳君和亭，于今春管解陕西头批京饷，到京交饷后，借办拣发赴新一项，曾与都门贵号时通往来段子瑜执事，亦极相好。据云：持有凭折，尚存京平银一百六十余两，后因都京失守，仓促出走，一切不暇料理，行至玉田途次，因溃勇抢劫，道路已阻，遂避至玉田县署。迟至本月中旬始抵灵邱营次，谒见升帅，备述艰危，留住数日，给予护照，以便旋陕。濒行嘱鑫函致贵号，俟伊道过贵邑，面诣台端，照凭折前存银数查明，向陕号赵子敬兄处写一妥信，交伊携带前去，以便致陕再行取用。如有不详之处，面询和兄，必勿错误。琐费清神，统容晤谢。手此布恳。敬请

诸位乡台执事均安。

乐斋
子昌　进县时统祈代为道意

乡弟曹鑫顿首

九月三十日收到李馨国翁寄来一信：

石庵仁兄大人阁下如晤：自出都后不知如何辛苦，如何声惧，始得旋里，此时必欢然相庆也。弟在京，洋兵进城，每日入宅收索，所有衣服，一扫而空。幸刻下李傅相来京，稍觉安静，但道路梗阻，不知何时返里耳！兹有恳者：　湘石现放川东道，不日由京启程。该君亦被洋兵骚扰，银钱衣服，收罗殆尽，沿途盘费，不敷应用，约需三二千金，始能到川，敢烦向贵执事商酌如何办理，当面商定，绝无差错。弟作中保。如蒙应允，可见屋乌之爱，感佩殊深矣。此请

刻安。并候

潭府清吉。

名另肃

十月十九日与朔州正堂徐葆生寄去一信:

葆生刺史大人阁下:前肃贺柬,谅邀

钧鉴:敬维

履祺晋畅,政祉绥嘉,为颂以慰。敬启者:日前贵门政胡嵩龄兄经祁,带来阁下匯湖南一千六百两银信一封,特饬鄙号汇往。其款嘱由阁下在敝城号存款内提拨,此外尚拟由晋省提用千数来金。闻信之余,殊深维谷。接嵩龄兄数百里来祁,此款似应依数付给。弟事关银钱重务,敝号前既无信通报,今该兄又未带有钧谕,致弟等未敢骤应。幸兄先往黎城公干,往返约需匝月,信关尚可赶及,因特专函奉问,两项究竟如何,伏祈速信示悉,以便小号遵命照办。否则设有舛错,则恐噬脐莫及也。肃此教请

则厘,并颂

冬安。立候

回函

名正肃

十月二十日收到贾庭瑜寄来一信:

章甫 兴斋 二位仁兄大人青照。敬启者:前托兑东信件,两次收条,均经收到,第二信到东尤快,令人曷胜感激,足征至好多年,赖以关照,佩甚感甚。兹有友人仍拟托宝号汇兑东省一款,弟未谢刻下来往,现走何路,到东快否?徜祈亦知为本。更有恳者:舍下家信一缄,即祈吉便

带东，更望函知东省诸友，信到速送。如有回信，仍祈带回，则感荷云情，曷其有极。屡费清神，容当面谢，专此奉恳。敬请

财安。并候

回玉

弟贾廷瑜顿首

十月二十二日收到雁平道恩大人寄来一信：

子庚仁兄大人阁下：闰八月念五日晚，鄗役还代奉复办书均已捧悉。荷亭因与舍亲送物件，尚承惠馔觅车，致寄舍亲衣服，得能送到，一路免有冻馁之处，全持慈心一念，数事备矣。不但弟感激而舍亲又当感盛情于无极。寄下一切，均仗清神收到，五中铭感，笔难罄宣。未卜通庄已至陕省分设否？心念念。将来弟冬季之领项，费尊处分友之神，代为领储。缘秋季鄗处筹办团练之事，而州牧用人不当，致本处乡绅怀疑，然雁关不能无人防守，是以经弟出首暂备，俾供众需，始得募勇之事，未满十日，竟然办成。弟恐公项一时难到，是以领弟之项，执给之情形也。近闻和议一节，闻各国为商务治国，英、美、比、俄、奥、意、倭等，在中土商物不少，计中外通商内地，亦六十年矣。北京地方，如果我皇帝迁幸长安一带，四方无货往运，与当年之上海地面相同。此次

圣驾西幸，分别北京，而议和事犹易下场矣。近年我中商分赴各洋贸易，人数尤甚，五十年在彼各方安家，生人不易数计。上年外贸呈助军饷甚巨，彼族亦有虑善后策。闻合肥与各洋议妥，惟德国搅局，合肥与约，如不和，本大臣邀请四国之兵与你战之等说。如贵处得有确音，亦希示下为盼。此谢，复请

台安。百秋

章甫
荫庭兄同此不另

弟名另具

再晋北及归化包头米粮价平，白麦每斤合三十余文，而口内大秋收至七八分，闰八月十四日夜雨有四寸余，此处冬麦亦下种，繁峙粟生双粒，宁武府谷秀三歧，真系丰收。老年人云多未经过，民心甚好。但求客军勿驻境内，万幸万幸。附及二十六日祈州已获武卫军兵抢劫，拿住三名，已有头绪矣。

十月二十二日与玉臣寄去一信：

玉臣仁兄大人阁下：敬复者：昨奉致贾章甫等

片谕，敬悉总切，统来竹报，当已转起，俟有回音，务当奉上。就谂冬祉凝祥，为颂为慰。承示，贵友欲汇东款，不悉现走何路、迟快等语。迩来东省道路尚通，往来约需个月之久，但未审贵友所汇之项，定准与否？至如果汇，小号自当效劳，但值各处汇水，较前倍增，至如系尊处之款，则好按前规，每百费以二两算之；若系代友经汇，其费须以三两扣算，如数目成总，其费尚须另议，此非小号不厚効劳，盖因现值大局不定，各处地面皆经滞塞，若数一巨，别恐巨资周转，故期须缓而费须丰也。至如贵友定准汇寄，其银即交义泉泰为荷。叨在知己，用敢直陈。至于小号寄东信件，约在只月底左近发信。如有银信，务祈早日寄下，以便及时统东为荷。泐此即请

冬安。章甫附笔请安

弟高钰顿首

十月二十四日收到雁平道恩大人寄来一信：

子庚仁兄大人阁下：人生是混水鱼，得过一天有一朝。近来敝属

向颇僻静，与弟最为相宜，不料自七月十三日皇差过境之先，端节祈雨，幸蒙　上天神佛慈悲，连得时雨，大田收成，众生无流失之难。忽出拳匪扰乱，幸代民不遭劫数。经弟会州速拿首犯二名，加功八名，一概就地正法，凶风幸息，以为无事。又出紫荆关洋人寻事，细访方知法、德两国人，冒充日英等联军，总以收索民财为崇直场。第一，幸闻李中堂有公文嘱在直省境内，周行尚可，然出境不能保护。查荆紫关实直境，惟升藩台带陕军守彼关口。九月初六日晚，洋兵本扎易州，而彼族垂涎彼关，带兵攻取。不知彼大涧深谷，民居无多，虽占关口东上关十五里，深沟无歧路，下关五十里深谷，只容一马之行，节节险路，彼族亦不敢入险，退扎关口三日。洋兵不满千名，又将法兵头脑提督，被我军用炮轰死，是以弃关。即涿州保定，闻受伤洋人不少，住居西陵寝门。近来风寒，代州南北山上已有落雪处，就此数洋人亦无能为矣。此事已蒙文殊菩萨庇佑得安矣。又阜平属之龙泉关，彼旋另一股探报，并阜平县张锦绂弃，洋人仅七八十名马队，山路不能行，行至安子岭地方，是上关之路，不料马不能走，是以改走下河镇。值有集场毛二子引之，将集货物等刁抢，致守关都司骇坏，飞报抚台。而省城不知细情，署藩司李大人令其家口出省，致愚民无知，轰动省会，商民蜂拥腾城，十室九空。敝处代州，尚属安然。又九月二十一日，北路大同镇报洋人赴宣化张家口一带。弟思前有李中堂文在直境内与山西境无干，众人害怕，求弟委员往探，照办委差。于十月初九日探报信回，洋人到宣化张家口要保险银两皮衣等，初三日至张家口面，初四日即旋京矣。昨又德国统领死在怀来县，痛快已极等语，是北路刻下均属安贴，堪慰远念耳。昨闻和约初拟十二款，俟望明文，再行举告。附恳者：舍弟瑞霖字辑五，广西左江道，上年署自半司藩司，因卓异请咨互沪电至平遥百川通，抄电寄，嘱弟由署派人入京，接眷赴代。伏思京中难寄钱物，当托平遥百川通复电，不如先赴陕至晋代面商接眷，将来北京约定，往来信通，自能兑寄款项矣。计彼时京约议定，派人寄项，不致作难，弟曾托为转电，其寄电之资，奉恳尊处代为照付为叩，容再致谢可也。刻下代郡劝商绅集项练勇保卫关口城池，弟亦捐资练勇加赏，制凡铅火药等费，幸直境中，约请教习十三位，半多飞檐之才，皆欧阳之义士。倘异日转运，必奏明重任边要，以雪前耻矣。附此奉恳。即请

台安。诸维

丙照不庄。

愚弟名正肃

十月二十四日收到平阳镇杜大人寄来一信：

子庚仁兄大人阁下：久疏笺候，时溯芝颜，近维财社日升，潭祺冬悉，至以为慰。兹恳者：鄙处现有急务，需甩朱提（汉时朱提产银，放以提名朱提），务祈老兄费心代措纹银一千两，每两每月仍以分二厘行息立券，其归还日期亦以六个月为限，届期绝不拖欠，致负　厚情，恃在爱末，专函奉恳。祇请

财安。鹄竣

回福。并颂　请同仁近佳

弟桂金标拜恩

冬月初九日收到德顺翁寄来一信：

音敬久疏，只因道阻，且长未能常通尺素，实深仄惭。恭维诸位仁兄大人骏业鼎新，鸿猷恒焕，仰企崇辉，曷胜艳羡。兹恳者：弟在京供职，毫无善状可言，惟有前存宝号足纹银二千金，许石庵、孟馨斋两兄手照管，每月借兹糊口，不料七月间，促遭兵燹。有此变更，困苦实难言状。又宝号纷纷携账赴西，闻听之下，曷胜焦灼。再四思维，务祈仁兄大人，千万赐一确音，由何处支取，俾得有所赡养，即感荷云情，实无既极

矣。兹乘顺人赴西,匆匆草泐,即候台安。鹄望　赐福,不庄。 并候

阖号清泰。

愚弟德顺顿首

冬月十一日收到贾子咏翁寄来一信:

子庚
乐斋仁兄大人阁下:久不晤想,知弟眷属想赴汴闻临行时,所带银两无多,弟拟为渠等筹寄数百金,为养命之资,而在京无法办理,不得已在上海设法,闻沪号皆已停汇,而弟事迫切,无论如何,总求贵号一办。又恐育甫兄违老号调度,因而受过,故弟冒昧持爱,肃函请罪,总求代弟费神一办。他日晤谈,容再百拜叩谢也(和局成弟即回晋办理路矿事)。由沪拨　贵号二千五百金,以二千还弟旧欠,以五百代弟寄汴　俄行福司诸事,皆一切照旧。和局一成,即当照办。弟他日到晋,心先将弟旧一一料理清楚,绝不做负心人,食言而肥,令两兄代我汗颜也。弟奉庆王札,办理美界安民各事,又俄行福公司,又皆有人在京,不愿弟出京。弟只好在京小住,一切安善,堪蔚爱廑。和议不易办,大约明年春夏之交可有成了。手此,即叩

升安。

弟仁百拜叩上

定甫东同此叩安,述近况感。

冬月十七日收到朔州徐葆生寄来一信:

子庚仁兄大人阁下:敬启者:前诵

惠书,比缘初至朔州,诸事匆促,未遑裁复,抱歉良深。元冬屈候,辰维　履祉便蕃,时祥络绎,蔚协颂忱。弟驰骤晨宵,惭无寸补。胡嵩龄函来道,有汇寄湖南平市纹银千六百两,特请　尊处妥寄,道远人

稀，折子不便奉寄。兹特函托照数速汇，因湘中待用孔急，能赶年内汇到为妙。将来算账，即用此信为凭，弟明正进省携折会算也。烦费清神，莫名感激，手此。敬请

台安。鹄候

回玉，不宣

愚弟名另顿首

冬月二十日与贾子咏寄去一信：

子咏仁兄乡大人阁下：睽违尘教，渴想殊深，叠奉兰函，敬领种切，辰维冬祺萃吉，履祉凝祥，乃颂乃蔚。忆自京师兵燹以来，命人闻之，殊深浩叹！阁下身临其地，究不悉如何惊惶。乃读手翰，悉奉庆王办理美界安民事务，足征忠义为怀，吉人自有天相也，曷胜钦佩。承蒙由申偿还鄙款二千，近接鄙申号信报，业已收讫，如数收注尊账矣。至委兑豫之款，阁下以汇号皆为停汇，恐育甫拘汉不敢应汇一节，按以时局未定，各庄固不敢冒昧从事，惟以阁下济眷要需，从无斯函，亦属义不容辞之事。且吾辈交情，非同泛泛，敝同仁亦均深悉。前者弟等闻及宝眷疑豫，即虑时事维艰，恐有需款不资之苦，曾于闰月念日，由祁已经信嘱汴号，令其就汴额加关照贵宅，若有需款，即令尽力酌给云云，何况汇款，能不效劳。近接育甫来信，据报遵照原款已经如数兑汴矣。汇费未扣，俟阁下荣晋时，再为结楚可耳。再来谕，亦及扬朗翁翁赴安，道经我省，该川资不足，嘱给云云，昨接鄙汴号来信，据云杨君因获鹿一带行走不便，故绕道河南。其所带之尊函，已留鄙汴号，所有川资，鄙汴号已向关照，渠云足需，各并陈明。晋省一带，十二三日晋降祥雨三四寸，深慰农望。惟以饥馑之年，京津及东三省失落晋省银钱无算，以致穷富失业，民不聊生，奈何奈何！和局如有成议，尚希惠我数行为盼。肃此奉复。敬请

炉安。并颂

冬祉。

冬月二十三日收到陈德隆寄来一信：

违隔芝颜，倏经数月，每怀雅范，时切驰思。敬维

石庵仁兄大人起居安康，贸易吉祥，为祝为颂。弟碌碌无长，乏善可述。惟京师自七月二十一日被洋人打破前门、后门、东四牌楼钱铺外，东华门大街各处，被烧者不可胜数，银钱库洋人取尽，大仓米石被洋人售卖，钱当两行，俱皆被抢，京城之凋零可惨。幸而洋人施恩，出告示，要民各安生业，人心稍定。适今虽未大定合约，看此光景，即在冬月初间，此大概之情形也。弟与敝上虽受艰险，尚属平安，甚堪告慰。今有梁鸿杰（乳名根源）与吾至交，令其持函回家，恳向阁下贵庄借纹银金二千金，见字即付，绝无舛错，容日面谢。肃此无缄。请敬

台安。并问

潭第清吉不一

愚弟陈德隆顿首

冬月十九日收到朔州正堂徐葆生寄来一信：

子庚仁兄大人阁下：一阳初复，万卉方新，敬维动定百宜，起居多福，慰叶颂忱。弟票亦如弥恒惭会。昨有一书，由义泉泰转寄，诚恐迟滞，兹特以一函奉致左右，尚祈查照。胡松林持去汇湘一千六百金一函，乞从速汇去。湘中需用甚迫，能赶年内到为妙。前时因事匆忙，不及写信，又不及带折子，此刻欲寄折子，因无妥便不放心，只求照信办理，以此为凭。明年正月到省，携折会算，诸费清神，谢谢。不尽清神，敬请时安。章甫兄并候

弟名另顿首

冬月十九日收到贾子咏寄来一信：

子庚 乐斋仁兄大人阁下：前由沪寄上一缄，并还贵号旧欠二千金，未识已达左右否？比维起居安康，凡百吉羊为祝。弟终日碌碌，乏善可述，惟盼和议早成，自当还我故吾，此后承教，正有日也。杨朗轩观察，弟之至交，为人精明干练，时事多艰，如此才调前程，殊难限量。刻有事西安，道出柯乡，如有通融些许川资之处，望推爱应付，感同身受，朗翁与楚甫成斋二君皆熟识。弟近月来俗况，难尽述，问朗翁可略得梗概也。手此，即叩

升安

乡小弟景仁顿首

定甫兄同此叩安。楚甫 成斋如晤，亦望致意。

冬月二十日与雁平道恩大人寄去一信：

两三观察大人阁下：前月念五日，曾贡芜函，谅邀钧鉴，敬维冬祺畅适，鼎祉绥和，以欣以颂。和议之事，近接鄙陕号来信。据云，闻及庆邸、李相电奏各国，非中国重惩首祸之王公大臣数人，不克成议云云。闻已降密旨，暗派桂月亭司徒，解庄王来州府圈禁，瑞王前闻投奔宁夏，闻派伊少君侯大爷前去迎回，偕往蒲州，一同圈禁；毓中丞派委解赴新疆守罪去矣。近又闻各国索款，系十二条，我国电复大纲，拟似允行，惟赔款要四万万，嫌其数巨，以求其少，不知各国能否减之，视此情形，成否在此一举耳。闻各国以重惩王公，两宫回銮为极要关键，其详附录条款，复电底两纸，至希电鉴为荷。以上各情，皆系得于传闻，不知确否，想尊处必有确信。如有所闻，当希公余之暇，惠赐数行是盼。省南一带于十二三日普降祥雨三四寸，麦苗得济。惟太汾两府，间

以贸易为生计。今京津及东三省均被蹂躏，且值饥馑之年，民多不堪其苦矣。合并奉闻。渺此敬请预兆也。肃此

奉上。敬请

勋安。并颂

升祉。

名正肃

荫庭
章甫 附笔请安

腊月初八日收到沈正守寄来一信：

香圃兄台大人阁下：驿路远隔，雁函鲜通。忆昔并垣聚首，倏忽已经七载。近想潭祺多佳，履祉集瑞为颂。弟碌碌依然，乏善足述，所幸诸凡顺适，眷属数平，堪告尘注。十月十八日，弟奉委转运来省二批小麦，日内可到，俟领有批回，仍即拟旋归化。兹闻泽藩卿在祁劝办军账，捐输在六万之多。若各富户不愿请奖，似可移奖外人，省中诸友，怂弟购兑数千，得以过班。惟思现值多事之秋，大小臣民，皆宜图报之候，奈官微言轻，徒有浩叹！化城地面，仍然凝滞，虽然稍有微蓄，核算仍不济事。既闻各富户余款可买，务请吾兄就近祁打听，各富户请奖之外，仍有余剩项款，祈费神购觅数千，在各富户已算捐助军账，奖无可请。果能二三成买就，余款俾弟得以加捐，是觉两有裨益，叮嘱妥帖，尚祈飞函亦悉为盼。今风闻俞逸示署两湖制台，锡清弼湖南，岑春煊来山西，张香帅带兵赴秦，马军有月之十六日开差去河南之诧。恩甫不日复新，带有随员数人，想口外必另有一番整顿也。专此奉恳，并以附闻。敬请

台安百益。

弟沈守正顿首

乐斋
定甫 兄前均乞致意道候
至文。

腊月初十日与沈端卿寄去一信：

端卿仁兄大人阁下：久违钧范，渴慕时深，适奉云笺，积愫顿慰，敬维鼎祺纳祜，履祉延庥，为颂为慰。来谕承委询购捐款数竿一节，随即饬伙察听，奈祁地暂乏卖者。惟闻太谷钱行有捐款数竿，欲以三成转售云云。惟此番之捐银，本系军饷账款两事，刻闻鄙处奖赏有虚衔实职之分，究不识何项归实，何项归虚，其各户之捐款，亦不晓归何若干，有愿卖者，尽系尽数售卖，既不能分明摘买，则不免买就虚款，但阁下既为过班起见，则恐买就虚款，难济阁下之事，因特奉信相商，至祈酌夺，并希将虚实详询明确，可否购买若干？希速示知，以便遵办为荷。肃此，敬请

升鳌，并颂

台安

弟郝荃顿首

乐斋

定甫均附笔，致候

至文

腊月二十一日收到沈守正寄来一信：

香圃兄台大人阁下如握，接奉惠函，得悉种切，诸承关照，感铭无既。近想春祺迪吉，复祉时和为颂。二批宁粮已于望后到齐，已于十九日北上，暂到伪关县过年，俟新正月间再行去化。至今次捐款，均可邀请实职。如今春间各处派捐之款，只能请虚衔封典，仍以三成上兑，若

太谷钱行果系今春夏间所捐之款，毫不济事，即可暂作罢论。如系新近所捐，仍请斟酌购买四千一百两，拟捐该用尽先知县，并同知衔，即可够了。今秦晋账捐各款，与陕西四六分用，故多有报销军饷，陕西即可分不着，拟以四成上兑，秦晋账捐，闻定一成五上兑虚衔封典。在本省捐者，仍须三成；若在外省捐，即可以一成二核算。今日起身回化，草此。敬请

台安

沈守正顿首

腊月二十二日收到武海卿翁寄来一信：

乐斋仁兄大人阁下：前经贵处，得接清谈，又复领以盛筵，假以厚资，于流离滇沛时，逢兹高谊，感激之忱，何可言喻。

刻稔利运亨通，福躬佳善，允符私颂。到陕以来，一切尚托庇平顺，惟署中旧案新章，无一存者，办理几同草创，而年谷荒歉米，殊薪贵，长安居大不易，至此益信。所幸贵号赵子敬兄，遇事极为关切，不胜感谢之至。刻下和局将成，大款十二条已议，小节目尚未商妥。回銮大约总在明春，知念附陈，此后鱼鸿有便，惠望数行，以当良晤为盼。

泐此鸣谢。即请

财安

武玉润顿首

许石安　　段子瑜
孟馨斋　　王五云　均致意问候